Day

n

Day

Day

n

Day

Day

n

Day

每道傷，
都是
活著的　證明

阿飛
文

目
錄

Day

n

Day

這部作品的構想是因為有一天在家重看王家衛導演的《重慶森林》，電影裡的敘事手法是以幾個角色的內心獨白來帶出劇情發展，那些獨白既經典又有韻味，讓我思考如果自己也可以用類似的概念來撰寫，應該是個有意思的全新嘗試。

所以這次的書寫與過去的散文稍有不同，我藉由女子A與她身邊四個人的獨白串起整本書，以他們個別不同的視角，像是日記中的獨白訴說各種生活感悟。故事從女子A分手後的第318天開始，她想起之前看過的報導，心理學家研究發現百分之七十的人在90天左右可以走出強烈的傷痛，她自嘲原來自己是那百分之三十。回憶起分手那天，她的心還是會緊緊地揪在一起。

書裡的五個人並沒有名字，除了A，分別是F、J、K與S，我用代號來表示，沒有為角色命名是認為他們很可能就是讀著這本書的你，或者就是出現在你我生命中的某個人。故事在人生中開始，人生在故事中展開。人是複雜的存在，快樂與悲傷、惡毒與善良、仇恨與喜愛是可以互不排斥地存在於同一顆心裡的。藉由他們的獨白來傳達我的各種觀點，或是讓讀者可以將自己代入書中的某個人，你可能是A，而身邊的好友就是S，可以用自己的角度去擴充思考其他不同的想法。

既然從女子A的失戀拉開序幕，所以書中有一大部分是在討論「失去」。我們不時會面對失去，也會遭遇失敗。偶爾不想費

力糾纏時，便像壁虎一樣斷尾求生，可是，逃跑有時會讓身邊每個人失望，包括我們自己。你或許會期待有人心疼自己的失去，但，終究得是自己去照顧那道傷。唯有直面、清創存在於身上的痛苦，才有機會慢慢復原。至於該怎麼面對，不同的問題，我們都有不同的功課要做。

如同書中五個人的生活，很多時候我們的生活無法按照預想來發展，可能需要忍氣吞聲，有些事無法據理力爭，明明知道努力是為了讓自己更好，卻也常常努力到懷疑自己。在人生這趟旅程中，後背包隨著路途日漸沉重，而且往往不是自己的，背負太多別人的期待、看法與意見，不免感到疲憊、苦悶與難受。

我想讓你知道，別焦慮，你沒有不好，只有正在努力的人才會覺得自己不夠好、不夠快。失去，說不定是另一種得到。要記得，先減輕身上的包袱，留著值得珍惜的，我們不必跟人比快慢，只要最後能到達自己想要的地方就好。

但願書中五個人的獨白可以成為撫慰你心靈的一帖良藥。

鍾文飛 （阿飛）

Day

n

Day

輯
一
／

戀愛是兩個人才能成立，
分手卻是一個人就能決定。

/ 夜
/ 失去一部分的自己
/ 佇立在騎樓等待公車的女子 A

雨嘩啦啦地下，馬路旁來不及排掉的積水表面映著商店招牌的霓虹，還有來來往往川流不息的人影，公車站牌附近不少人撐著傘在等公車，隔著兩三步的距離是間藥妝店，店內正傳來應景的聖誕組曲。

「心理學家在1976年的分手研究報告中，顯示情侶在交往兩年後分手機率是45％，有68％的人可在半年左右走出傷痛。最近看到的數據是70％的人在分手三個月後心情可以明顯改善。」

無可奈何的是，我怎麼剛好是那沒用的30％。這世上有太多的無可奈何，等不到公車是一種，堅強也是，脆弱也是。

失戀將近一年了，但更貼切來說，我感覺失去了某部分的自己，至今還找不回來。

Day 319

外頭傳來雨水不停打在窗簷上滴滴答答的聲響，天色透出微光，分不清雨是否已經停了，但不時聽見幾聲清麗的鳥啼。

到底喜歡或思念一個人的時間多長才是執著？有人說一年太執著，我覺得他們三個月就沒事才叫匪夷所思，曾經那麼濃情蜜意，怎能現在如此容易釋懷？

雖然可以自然而然毫不費力地愛上一個人，可是在無法繼續走下去之後，卻得用盡全身的力氣與勇氣放下那段愛。不是不愛了，是不能愛了，所以必須要非常用力的、非常刻意的遠離那個人。

因為你重組了我的世界，卻在剎那間崩塌潰散。不是不願放下，不是不想放下，只是一轉眼，發現自己竟然無處可放。

Day 320

/ 夜
/ 放不下
/ 收拾桌面準備下班的女子 A

下班的打卡鐘響起，周五晚上大家似乎都有約，已經不少同事起身準備下班，有個女同事抓起包包，喊了一聲「bye！我先走囉！」立刻以衝百米的速度衝向打卡鐘，「喀嚓」一聲打完卡，迅速奔向電梯。

一年前的同個時間，你已經在樓下等我了。那時的我也會火速打完卡就衝向電梯。有時我們會一起去逛夜市，有時吃完飯你會騎機車載著我到山上看夜景，有時會去專門放映二輪片的電影院連看兩部片才回家。

雖然你可能不會在意，還是很想讓你知道我沒有把自己過得不好，只是不時回憶起曾經那樣好過的我們。或許只有我一個人還放不下，突然覺得自己很沒用、很孤單。

沒有一種遺忘是我想要的，說不定，真正適合我的是「記得」吧？

/ 午後
/ 不回頭，也不等待
/ 坐在咖啡店裡等待好友的女子 S

店內座無虛席，外頭還有許多等候入座的客人，也許是桌與桌之間保留足夠的距離，雖然客滿了卻不會讓人感到吵雜難耐，是一間頗適合休息聊天的咖啡店。

或許我沒資格說什麼，畢竟我也曾經等待過，曾經挽留過。做為以前拼了命挽回卻換來更多傷痕的人，應該可以當成你的借鏡吧！

那些早已遠去的人事物，注定成為斑駁剝落的記憶。那時是他拉起你的手，要你一起走，後來卻是他放開了手，自己走向另一條路。所以，不要回頭，也不要等待，傷心完了就繼續向前，因為錯誤的人永遠無法陪我們到達正確的地方。

/ 傍晚

/ 渴望過期的一天

/ 打開貓罐頭替家裡的貓準備晚餐的女子 A

或許，就像《重慶森林》裡柯志武所說的，任何東西上面都有個日期，鳳梨罐頭會過期，秋刀魚會過期，牛奶會過期，連保鮮膜都會過期，在這個世界上，還有什麼東西是不會過期的？

我和他的感情是不是已經過期了，也許在那個人心裡，現在的我已經跟貓罐頭沒什麼差別。

這樣，我的悲傷也會過期吧？如果能夠，期限就是今天，那該有多好。即使到了現在，我還是清楚記得「感情到期」那天的痛。

/ 深夜
/ 惡作劇
/ 躺在床上臉龐映著手機螢幕白光的女子 A

思考了許久，費盡心力才提起勇氣傳出去的話語，回收的卻是許久許久的空白。

昨天你說的話，在我的腦裡不斷回想超過千次了。

你說，不是我的問題，是你的問題。你說，不是我不好，是因為我太好。如果真的是你的問題，可以告訴我是什麼問題嗎？我一定可以理解、可以解決、可以配合。如果真的是我太好，我可以變得沒那麼好，直到你可以接受。

我知道，你說的都是騙我的，即便要離開我了，你還是那麼溫柔善良。但，我寧願你告訴我哪裡有問題，讓我明白自己哪裡做得不好，就可以知道該怎麼努力、該怎麼改善，而不會像現在這樣，一顆心懸在空中無法安置。

好希望這一切都只是你的惡作劇，故意來嚇我。明天你就會告訴我真相了，對嗎？

Day 002

/ 夜
/ 我很好
/ 拿著手機苦笑的婚姻專欄作家 F

入夜後下起大雨。濕冷的冬夜，經典款的煤油暖爐努力燃油發熱著，讓書房暖和許多，書桌上的筆電螢幕已經進入休眠模式，而我剛用手機講完電話。

她一直說「我很好」。但，在我的理解中，當一個人不斷重複告訴別人「我很好」的時候，通常代表他一點都不好。因為我也會這樣。

一般來說，會讓女人難過的有三件事：跟男人的感情問題、跟家人的感情問題，還有跟朋友的感情問題。

自己也曾在各種感情問題中重重摔過好幾次，相當明白那種遇到打擊的支離破碎，光是看到雨天都會心生難過。一個人不願意說出來的時候，任何人自以為可以伸手幫助，只會逼著他躲入更深的黑暗。我只能等，等她自己伸出手。等待不是困難的事，只是有點難受而已。

只希望她先照顧好自己，要相信那些殘缺終會有人願意修補，也會有人願意陪她等到雨過天晴的那一日。

想想，真是諷刺，我雖然是婚姻專欄作家，卻是一個離婚三次，而且對女兒感情問題束手無策的人。

Day 003

昨天最後一次傳訊息給他，時間顯示凌晨01：19，我問他是否可以找時間再見面。早上06：06查看，未讀。07：20查看，已讀。可是，直到現在還沒有任何回覆。突然意識到我們之間的距離都是由他來決定的。

再過三十六分鐘，就要整整一天了，明明心裡知道在01：19前收到他的回覆可能微乎其微，卻還是忍不住期待，期待他的回答，期待他說聲晚安。

今天並不好過，內心很難熬，幾乎接近撕心裂肺，感覺身體最深層的部分要被扯開，分裂成兩個自己，不斷互相質疑、激烈爭辯，決定放與不放。

這邊的自己說，不要再犯傻了，不要再找罪受了，夠了，已經夠了，如果他的心裡還有你，不會讓你一直等待，不會讓你苦苦煎熬，請保留一點自尊，別再求他回來。

那邊的自己卻說，愛就是愛啊，給出去的愛怎麼能說收回就收回，還有感情的人怎麼可以說再見就真的永遠不見，人家不是

說「努力才有機會，不努力是一點機會都沒有」，你明明還愛著，不試試看，將來只會更遺憾。

無論是哪一個自己的說法，都是為了我好吧？想要重新振作的，依舊慌亂不堪的、努力挽回的，還是想認輸放棄的，全都沒有錯。那麼錯的，會是把我丟下、不願回我訊息的他嗎？我也想要把全部的罪都安在他身上，這應該是最簡單的吧，可是我卻怎麼也怪不了他，總覺得他想離開是有什麼合理的原因，就像是老鷹會從懸崖邊將小鷹推下是為了讓牠學會飛翔。我好想知道那個原因，也好想問他可不可以一直待在他身邊，我不要離巢可以嗎？

Day 004

/ 清晨
/ 傷心假
/ 在假日陪著老闆與客戶打球，站在果嶺旁發呆的主管 K

那天A打電話給我說要請假。我問她要請什麼假，是病假，還是事假。電話那頭突然陷入沈默，那沈默像是有重量般，隨著時間而慢慢加重，就在我快要受不了時，她終於說話了。

她說：「如果...有傷心假就好了。」

我馬上猜想到她的狀況，雖然感到同情，但還是用平靜的、事務性的口吻回答：「可惜沒有，只能請事假。」詢問完想請假的時間，什麼都沒多講就掛上電話。

我想，大部分的傷心，都不是可以用話語輕易撫平的。有時，還會適得其反，讓傷心更傷心。

A提到的傷心假，讓我想起五年前過世的妻子，那時為了處理妻子的身後事，向公司請了一陣子的喪假。喪假或許就是一種傷心假吧，除了處理事情，也要整理心情。

面對一個人的離開，我們需要送走一些什麼，我想，最需要被送走的就是傷心。

人的一生不外乎出生、活著與死去，出生與死去都是難免，真正讓人傷腦筋的，就是在它們之間的活著。

活著，不會一直風平浪靜。霎時變故，日常翻轉成無常。可能帶走了你的家人、你的朋友、你的財富、你的事業、你的生活。平時好好對待那些我們以為的理所當然。無論被帶走什麼，我們都要提醒自己別被帶走信心。

Day 005

/ 深夜
/ 試著專注
/ 撫摸著「便當」的女子 A

01：19。糾結許久，我又傳了一則訊息給他，問他有空的話要不要來家裡看貓。但，傳出去後，自己馬上就後悔了，想要收回訊息時，發現來不及，訊息已讀。原本稍稍平緩的心又再度陷入混亂。

他會回吧？因為他很疼愛「便當」，這個名字是他取的。便當是隻白貓，在嘴邊有塊茶色的大斑點，他說有人在嘴邊沾飯粒時就會被取笑「帶便當」，所以取名便當。萬一他還是不回怎麼辦？如果他連便當都丟下了，等於是把我們共同建構的世界統統捨棄了。他會不會認為是我耍心機，用便當的名義逼他見面？不可否認，我想藉由便當可以讓他重新回憶起我們過去的美好，卻也不希望他認為我為了挽回他，連便當都可以利用。

我的生活怎麼會變得如此狼狽不堪，有時理智到像是局外人一樣，有時混亂到歇斯底里，有時又自己掀開傷疤，疼得發抖，疼得快要喘不過氣。

一個人的離開，是另一個人悲傷的開始，同時也帶走了另一個人的世界。

沒有辦法了，去做點別的事情吧，試著轉換心情，即使暫時找不回你，我也該慢慢找回原本的自己。

明天該回去上班了，人家說專注在一件事，可以讓自己暫時忘記另一個痛苦。讓自己有事可做，跟人有話可說，應該會開始漸漸恢復正常的生活吧？

/ 早
/ 順從命運
/ 還躺在人行道上的男同事 J

一個月前，女友消失了，像從我的世界被抹除般不見了。電話
不通，租屋已經清空，也從任職的服飾店離開，那時我才發
現明明已經交往一年，狀似親密，其實對她的事情一點都不了
解，不清楚她的過去，不認識她的家人與朋友，說不定我從未
真正進入她的人生。

她消失的三天後，我收到一封信，與其說是信，比較像是字
條，上面寫著「我走了，我們分手吧」。就這樣，沒有說明任
何原因，連表示歉意或遺憾都沒有。不過，至少可以慶幸的
是，確定一切是真實的，不是虛構夢境之類的。她就這樣從我
的世界不見了。

人因某件事感到不如意的時候，通常還會接續著其他不如意的
事，我猜，這就是運吧。

像是手上負責寫的程式出現bug，耗了一整天才終於找出一個錯
誤的code。像是去寄信，順道買了蔥油餅，結果到了郵筒沒丟
信，丟進去的是蔥油餅。像是在走往公司的路上，踩到狗大便
摔了一大跤。

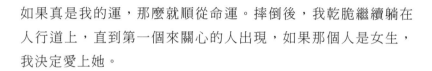

如果真是我的運，那麼就順從命運。摔倒後，我乾脆繼續躺在
人行道上，直到第一個來關心的人出現，如果那個人是女生，
我決定愛上她。

但，不知道是這個世界冷漠太多，還是我的存在感太低，躺了
大概五分鐘以上，不要說是女生，連一個人都沒理會我。命運
未免太坎坷。

我沮喪地望著天空，A的臉突然出現，她低頭面無表情輕輕說了
句：「你怎麼還躺在這裡休息？上班快遲到了」就走了。從A的
臉色與語調來看，感覺她才需要休息吧？而且誰會躺在人行道
上休息？不管了，我決定十分鐘後愛上她。

Day 007

/ 近午
/ 愛也有消逝的時候
/ 拿著鹽罐替麵調味的 A

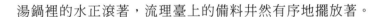

湯鍋裡的水正滾著,流理臺上的備料井然有序地擺放著。

第七天了。去年的今天,我和他是在日本鎌倉度過的。那幾天非常寒冷,下著參雜雨水的冰雪,不時吹來刺骨的冷風,從腳底竄起的那種寒意,絕對稱不上舒適宜人,而我們卻樂在其中,覺得那樣才有置身在異國的感覺。

我們搭乘江之電去了許多觀光景點,比方說鎌倉大佛、江之島、湘南海岸,以及常是戲劇場景的極樂寺站。適逢新年期間,入境隨俗地去了幾座知名寺廟神社參拜,替媽媽求了身體健康,還替同事求了安產,卻忘了替自己祈求愛情順利。

人身處在愛裡,常會忘了愛也有消逝的時候。就像是放入水裡的鹽,化成了淚。

Day 008

/ 早
/ 好想說我不要了
/ 走出超商門口的 A

每天上班前，只要時間來得及，我習慣在公司樓下的便利超商買杯熱拿鐵，並不是因為喜歡，這世上應該有八百種以上的咖啡比便利超商的咖啡好喝，只是「喝咖啡」這件事，對我來說並不是需求性，比較類似儀式感，像是有些足球員上場前會先摸摸草地。不是為了提振精神或保佑順利，而是讓自己有「準備開始面對今天了」這樣的心情。

買了跟往常一樣的中熱拿，跟往常一樣的店員結完帳，站在跟往常一樣的位置等候咖啡，然後店員跟往常一樣的舉起手向我喊著：「小姐，你的中熱拿好了哦」。

跟往常不一樣的是，我跟店員說：「我不要了」。

我想要體驗放棄原本擁有的東西會是什麼樣的感覺，想要知道拒絕別人給你東西會是什麼樣的感覺，說不定我可以稍微接近一點他的想法。說不定，我真的也能像他一樣「不要了」。

我也好想可以輕易對我們的感情說：「我不要了」。但，我還是辦不到。原本已經踏出店門又默默轉頭回去拿咖啡，留下一臉莫名其妙的店員。

/ 下午
/ 時間不是解藥
/ 在座位上看著 A 與同事交談的主管 K

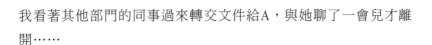

我看著其他部門的同事過來轉交文件給A，與她聊了一會兒才離開……

跟一個心情低落的人說要開心點，根本是廢話，如果對方聽了就能馬上樂觀以待，現在就不會這樣難過了。面對心情低落的人，假使交情不熟，別自以為有經驗就能提出建議，任何事情在不同人的身上，都會產生不同的意義與結果。

事實上，我們外人能做的，頂多只有陪伴，幫不了太多忙。他必須找出適合自己的排解負面情緒的方法，沒有人可以突然變得樂觀豁達，而是慢慢懂得怎麼與負面情緒相處。他們說，時間是最好的解藥，我覺得時間就只是時間而已，解藥還是得靠自己慢慢摸索出適合的處方。

Day 011

/ 下午

/ 偷窺

/ 喝了一口咖啡，繼續注視著窗外的女子 A

前陣子又濕又冷的天氣像是在開玩笑，今天晴空萬里，陽光普照，彷彿將所有的濕氣與冷冽，甚至連憂愁全都淨空，是個適合出遊遠行的日子。在街角的小咖啡店裡，我坐在靠窗的位置，靜默地注視著對面的公寓。

明明清楚這樣不好，我還是忍不住來了。不知是因為天氣晴朗，還是因為偷偷等待他的出現，感覺心情不再躁動，稍微安定了。

可是內心還是藏著矛盾，好想看到他，卻也擔心看到自己不願看到的。想像他與另一個女生牽手的畫面，假使真的親眼見到，自己能不能承受？明明認為不可能，卻還是忍不住想像。或許是原本自以為了解他，後來才發現並沒那麼篤定。以為自己很熟悉的人，卻已變成如此陌生的人。

好想知道是從什麼時候開始，我們的愛出現了裂隙，而我卻沒發現，像是我犯了什麼錯誤，讓他最後選擇離開。努力回想之前的相處時光，聊天、牽手、擁抱、相視而笑，到底是從什麼時候開始，你的擁抱已不再有愛，而我卻沒有感覺出來。

一杯咖啡，我可以清楚說出難喝在哪裡，太濃太淡，過苦過酸，也可以清楚感覺到它正在變涼。但，我不清楚自己錯在哪，不清楚我們的愛什麼時候變質了。

我也從沒想過自己會如此思念某個人與某個瞬間，思念到心痛的地步。即使陽光燦爛，卻還是曬不走那深植在內心的悲傷與不解。

/ 上午
/ 藏起來
/ 與 A 在辦公室錯身而過的同事 J

我們每天都會與許多人見面，與很多人擦身，你認為那些人只是點頭之交或是毫無交集，不過，說不定有一天那個人會成為你的好友或是伴侶。

人生是流動的狀態，隨時會變的。老闆早上叫你做這個，下午罵你怎麼做這個，應該要做那個才對。外婆前一天還花枝招展跟朋友出門逛街，隔天就心肌梗塞撒手人寰。女朋友會突然消失，我也可以轉身喜歡上對躺在人行道上的我說話的人。人生沒有什麼絕對不可能發生的事。

對一個人說出「我喜歡你」，等於告訴他擁有了可以傷害自己的能力。我這次學聰明了，要把愛藏在心裡，沒有說出愛，就不會被傷害。

/ 中午

/ 友情的模樣

/ 到附近開會，順道約好友吃午餐的女子 S

A說前幾天在那個人公寓附近的咖啡店等了一整天，但那個人並沒有出現，她問我：「這樣的我是不是很傻？」我回她：「妳自己會覺得傻嗎？某些時候，我們為了讓自己維持正常，不得不去做某些事，只要對自己有意義就好了。妳沒妨礙到人，也沒傷害到人，有什麼不可以的？妳唯一傻的是沒找我陪妳一起等，我那天無聊死了。」

在愛情面前，再精明能幹的人都會犯傻，誰沒犯過幾次傻？受過傷的人清楚那傷口有多痛，我無法分擔她的痛，至少能在傷口癒合的過程盡量陪伴，減輕她心裡的苦。

我之前能重新爬起來，跨過當時的苦澀與傷痛，是她握著我的手，讓我相信會有好轉的一天。現在是我伸出手的時候，或許是我的力氣不足以將她拉出泥沼，可是，我們可以一起撐過最艱苦的時刻。

愛情會變成什麼模樣，無法預知也無從形塑，至少我可以讓她知道我們的友情是什麼模樣。

Day 016

/ 中午

/ 辛苦的過程

/ 被客戶無理刁難，擔心自己忍不住當眾落淚，
　躲進廁所呆坐在隔間裡的女子 A

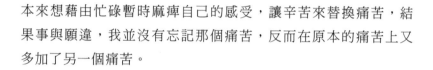

本來想藉由忙碌暫時麻痺自己的感受，讓辛苦來替換痛苦，結果事與願違，我並沒有忘記那個痛苦，反而在原本的痛苦上又多加了另一個痛苦。

我們拚命地學習怎麼往上爬，有人想要功成名就，有人想要追尋愛與溫暖，卻沒有人好好教過我們失足時要怎麼保護自己，受了傷皮開肉綻時，該怎麼照顧好傷口，萬一傷筋動骨，怎麼忍受內心的痛楚，走不動了，被遺棄了，不得不放棄時又該怎麼回到原點。

當初也沒人警告，從幸福的山頂上一不小心摔得粉身碎骨，心像玻璃一樣碎了一地時，該怎麼收拾？要怎麼才能完好如初？

Day 017

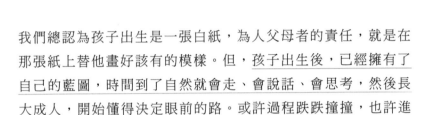

/ 夜
/ 自己的模樣
/ 與女兒聚餐後，在計程車上望著窗外街景流動的 F

我們總認為孩子出生是一張白紙，為人父母者的責任，就是在那張紙上替他畫好該有的模樣。但，孩子出生後，已經擁有了自己的藍圖，時間到了自然就會走、會說話、會思考，然後長大成人，開始懂得決定眼前的路。或許過程跌跌撞撞，也許進度蝸行牛步，不過，他們總會活出自己應該要有的模樣。

女兒長大了，可是這世上大部分的事物未必長大就一定會懂，每個人終其一生都在摸索，難免會有跌得頭破血流的時候，必須一次一次小心地在各種逆境中逢凶化吉。我或許當不了她的明燈，只願成為一點火光，給予她一點點溫暖。

或許我不是一個好母親吧。有時，我甚至不覺得我們是母女，而是以一個不完美的人，關愛著、心疼著另一個不完美的人。

/ 早
/ 關於她的喜歡
/ 在便利商店遇見 A 的同事 J

喜歡A的第十四天。

喜歡一個人，很多時候是一開始就決定，而喜歡的理由卻是後來才會出現。今天發現喜歡的理由之一，她喜歡喝便利商店的咖啡。

現在的人喝起咖啡越來越講究，產地啦，品種啦，是日曬還是水洗啦，烘焙時間啦，沖泡方式啦，認真起來沒完沒了的。咖啡不就是咖啡嗎？就是單純用來提神、放鬆的飲料，只要好好做到這些功用就足夠了。

你看，便利商店的咖啡多麼清楚簡單，不要牛奶的點美式，要牛奶的點拿鐵，熱的冰的，選大中小杯的，點完，結帳，完成。做人就該像這樣，清楚簡單，乾脆明瞭，易懂不複雜，這樣不是很好嗎？

所以呀，我覺得過分講究咖啡的人，通常都是不好相處的人。

/ 夜
/ 想要穿越時空
/ 開著冰箱門發呆的女子 A

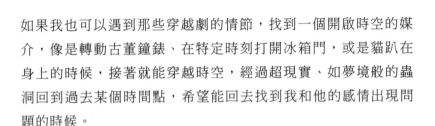

如果我也可以遇到那些穿越劇的情節，找到一個開啟時空的媒介，像是轉動古董鐘錶、在特定時刻打開冰箱門，或是貓趴在身上的時候，接著就能穿越時空，經過超現實、如夢境般的蟲洞回到過去某個時間點，希望能回去找到我和他的感情出現問題的時候。

假如穿越時空的機會只有一次，我該回到哪個時間點呢？分手的一個月前？三個月前？還是剛交往不久？我根本不清楚他到底在什麼時候對我們倆的感情有了其他的心思，或許我應該要回到與他交往前，警告自己別答應跟他交往，不要白費時間與心力，那些美好的過程最後只會換來更多的痛苦與悲傷，這樣才是一勞永逸的做法吧？

不是我後悔了，只希望沒有打擾，沒有煩惱，我們都能過得很好。

Day 023

/ 夜
/ 捨棄一切的勇氣
/ 與大學同學聚餐結束，等待電梯時，
　將結帳時抽中「七折優惠」收好的 J

餐廳的櫃檯前排了不少等待結帳的顧客，還有好幾組人在門口等待入座。

她消失的那天是我的生日，所以我一度以為是她在惡作劇，要給我意想不到的驚喜。當然並沒有任何驚喜，給我的只有錯愕與難過。人生不像餐廳的促銷活動，沒有那麼多的驚喜。

人生比較像是玩「大富翁」，一段時間就會出現機會或打擊，你要得到什麼，總要付出一些代價。

現在回想起來，能夠像她那樣的灑脫，說不要就不要，要離開就離開，真不是件容易的事。

日子過得再微不足道，總會累積點什麼吧，把原先擁有的生活都不要了，必須下很大的決心吧？即使我這樣沒什麼值得一提的人生，也提不起勇氣把眼前的一切全部捨棄，說走就走。

也許她的人生出現了難得的機會或是突如其來的變故，她想要把握那個機會或逃過那次劫難，而離開是她必須付出的代價。

39

這麼想就稍微釋懷了一些。

我現在對她沒有責怪，也沒有怨懟，只願她平安無事，好好照顧自己。

/ 夜

/ 追隨的目標

/ 終於在公事包發現一直找不到的電視遙控器的 J

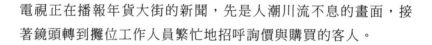

電視正在播報年貨大街的新聞，先是人潮川流不息的畫面，接著鏡頭轉到攤位工作人員繁忙地招呼詢價與購買的客人。

有時看電視新聞會覺得報導的是另一個世界，我身處的世界平淡無奇，而那邊的世界有時新奇有趣，有時充滿了暴力、欺騙、自私與混亂，甚至比電影劇情還要荒謬獵奇。但，不管這邊是怎樣的枯燥無趣，那邊是多麼可怕而離奇，一樣還是會日升日落，日子得過。

即使突然發現自己不在她的計畫內也只能接受，她繼續走她想走的，而我還是要走自己該走的。覺得悲傷，走下去時沿路都會是淚水；覺得孤單，眼前的景物怎麼看都是孤寂。帶著難過的心情是一種對生活的拖累，我想走的，不必像年貨大街那樣的熱鬧，只要有個我想要追隨的人就好，帶著一點希望，沿途都能看見美麗，就算不小心摔個四腳朝天，也能起身拍掉身上的沙塵繼續走下去。

現在，只要讓我默默地跟著一個人走就好。

Day 026

/ 早

/ 傷心的位子

/ 梳洗完想把他的牙刷丟掉，拿起後又放回原位的女子 A

有時，感覺傷心距離越來越遠，生活步調似乎漸漸恢復，但不久便發現那是錯覺，傷心並沒有遠離，它只是被放在心的角落，然後被生活的瑣事掩蓋了，但只要某件事物一撥動，它立刻露出馬腳。

畢竟生活中還殘存著他的痕跡，比如洗臉臺上的牙刷，比如他寵愛的「便當」，比如巷口經常一起去吃的麵店，不經意地觸動，便忍不住回想與他相處的種種。

想念，不是一件輕鬆的事。有的人在身邊，卻感覺很遙遠。有的人不在身邊，卻緊緊揪著你的心。傷心總是躲藏在想念的背後，我已經能預測到今年我的冬天會比別人的還要寒冷。再多暖暖包，再多熱薑茶，都是於事無補的吧？他能理解我的冷嗎？他也會感到冷嗎？

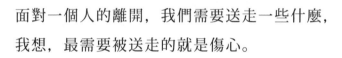

面對一個人的離開，我們需要送走一些什麼，
我想，最需要被送走的就是傷心。

Day

n

Day

輯
二 /

總要堅信著某些事物，
我們才能好好活著。

/ 夜
/ 相信的力量
/ 走進彩券行買了一張樂透彩的 J

我曾相信某個夜晚會有白鬍老人爬窗進來送小孩禮物，也相信過月亮上有美女、兔子，還有壯漢在伐木；相信農曆七月去玩水會被抓交替的抓走，也相信命理師說的到了中年之後運會變好。

相信是主觀的，就像是我也相信愛的美好，相信溫柔的人終將被人溫柔以待。

有人說那是一廂情願，或許吧。但，<u>相信就是一種力量，我寧願堅信著某些事物，才能在這個混沌不明的世界裡有個方向好好活著。</u>

/ 上午
/ 愛，自己說了算
/ 送申請文件給 A 時，看到她淺淺微笑的 J

默默喜歡當然也是一種愛。愛可以是什麼，也可以什麼都是。愛是什麼，應該是自己說了算。

喜歡一個人，可以接受那個人的缺角與尖角，可以接受最糟糕的模樣，當然也可以接受她不知道我喜歡她，甚至接受她不喜歡我。

愛是什麼，愛的方式，自己決定。我決定在她第一百次對我微笑後才告訴她我喜歡她。

Day 030

/ 夜
/ 愛沒有想像中的完美
/ 因為女兒不小心摔破杯子，舉起手找服務生清理的 F

餐廳裡人聲鼎沸，幾乎掩蓋掉音響正播放的「財神到」。服務人員在各桌間穿梭，上菜、送餐具、收盤，或將客人踢倒酒瓶灑出的酒清理乾淨。

自從我與前夫離婚後，像這樣只有兩個人一起吃年夜飯已經好幾年了，說真的，與其拘束地跟不熟的親戚們聚餐，不如母女兩人好好吃頓飯才自在。

剛才與女兒聊到前夫，我的第三任丈夫。然後她問：「為什麼很多聰明的女人都嫁給蠢蛋？」我回她：「因為聰明的男人不想娶聰明的女人。」

但，無論再聰明的人，在愛裡也會變成令人難以置信的傻瓜，在已經失去愛的沈默中選擇掩耳盜鈴，或是在被背叛的欺騙裡繼續忍氣吞聲。我們想要愛得浪漫、愛得優雅，可是真正在愛裡往往沒有那麼多美麗的包裝，全都是赤裸的現實，在那些摸索、掙扎與碰撞之間，設法找到自己理想中的愛。

愛沒有想像中的完美，難免會出現裂痕，甚至破碎，每個人都是想辦法要照顧好心的裂痕，一路撿拾起掉落的碎片，在狼狽中盡力保持自己的完整。不過，都會沒事的，我們會在那些破損的教訓後，走向自己想要的人生。

就像是我們在過年時萬一不小心打破杯碗時說的那句：碎碎平安。歲歲平安。

/ 傍晚
/ 抵達後只剩寂寞
/ 擰乾抹布準備擦拭電視櫃的 A

又重看了一遍《重慶森林》。柯志武說他每一次失戀的時候就會去跑步，因為跑步可以將身體裡面的水分蒸發掉，這樣可以讓他沒那麼容易流淚。柯志武不希望自己輕易流淚，因為他覺得在阿美的心裡，自己是一個很酷的男人。所以阿美離開那段時間，他經常跑步。

人與人之間最難到達的，或許是悲傷吧？我們得要越過自己的悲傷，甚至是別人的悲傷，才能抵達到對方。有時，我們以為抵達了，結果那裡只剩寂寞。

要理解另一個人的心情太難，要身旁的人懂得自己的傷心很難，所以我們得要學會自我調節，因為人在心傷後的復原能力沒那麼快，時好時壞，悲傷就像濃霧忽近忽散，來時瀰漫遍佈把人困住，只能靜靜地待著等它散去。

也許每個人都有自己越過悲傷的做法，有人跑步，有人拼命工作，有人不停說話。而我，可能就是做家事吧？無論是折衣服、掃地，還是擦拭櫥櫃傢俱，做著做著心情慢慢會平復下來。想想，難怪這陣子家裡很乾淨。

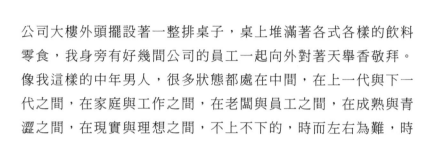

Day 035

/ 早
/ 中間狀態
/ 開工團拜結束，與一群年輕同事同坐電梯上樓的 K

公司大樓外頭擺設著一整排桌子，桌上堆滿著各式各樣的飲料零食，我身旁有好幾間公司的員工一起向外對著天舉香敬拜。像我這樣的中年男人，很多狀態都處在中間，在上一代與下一代之間，在家庭與工作之間，在老闆與員工之間，在成熟與青澀之間，在現實與理想之間，不上不下的，時而左右為難，時而力不從心。

或許，正因為如此才會正視問題，明白別再事事執著，什麼事該妥協，什麼人該遠離，什麼怨該放下，心中自有一把尺。

我們都在這一路上摔了不少跤，受了不少傷，到後來已經認清，有些坑是閃不掉的，有些溝是跨不過的，只是傷輕傷重的差別而已，只求摔下去的姿勢可以好看點。隨著時間推移，待在身邊的人也越來越少，未必是他們離開，而是我們慢慢理解，什麼人才是真正對自己好，什麼人在你需要時會拉你一把。在年輕時重摔沒關係，只願年輕時的傷痕累累，可以換得後來的自在豁達。

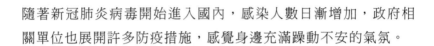

Day 036

/ 下午
/ 愛像病毒
/ 正在觀看政府防疫記者會直播的 A

隨著新冠肺炎病毒開始進入國內，感染人數日漸增加，政府相關單位也展開許多防疫措施，感覺身邊充滿躁動不安的氣氛。

看著新聞報導，突然想到，愛也很像病毒，你自以為沒事，沒有任何症狀，然而早就陷入愛中卻渾然不知。發作時，會出現各種症狀，開心、苦悶、嫉妒、失落或氣憤，才發現原來自己已經喜歡上對方。那些症狀時好時壞，有時候你覺得自己沒事了，卻可能在某個時刻或地點，又開始難過與想念。

我曾經以為自己免疫了，有了抗體，可是病毒會重組、進化，愛也會以各種樣貌與不同途徑出現，而且說來就來，讓我們難以預防。

/ 早
/ 害怕是為了保護自己
/ 在超市門口看到結帳人龍決定放棄採買的 F

隨著疫情越來越嚴重，各種謠言訊息四起，看到大家開始恐慌，於是大肆搶購口罩與民生物資。

害怕未必全然是不好的，那是一種本能，它提醒我們可能有危險、要小心。勇敢不是不會害怕，而是願意面對自己的脆弱與不安。糟糕的不會是害怕這件事，而是你不知該對什麼害怕，沒有好好的準備。所謂的贏家，比其他人強的未必是不會害怕，而是不會逞強，懂得虛心學習自己的不足。

我們因為明白病毒的可怕才會害怕，卻也因為如此，懂得嚴陣以待、步步為營，不再讓自己重蹈覆轍。但，與其驚慌，還是試著讓自己冷靜，好好思考，才能沉著應對。

/ 下午
/ 依舊會做出相同決定
/ 讀完電腦螢幕中讀者來信有感而發的 F

我對於過去那三段以失敗收場的婚姻並不會感到遺憾，畢竟決定走入婚姻的是我，選擇離開的也是我。當時，總認為跟那個人在一起是自己嚮往的生活，後來發覺與想像中的不一樣，就該勇於認錯。即使再讓我重新來過，應該還是會做出相同的選擇，或許是我總想的很簡單，而過的卻又太複雜吧？

對於自己的事我不遺憾、不後悔，可是對於女兒，有時會想，如果她有個弟弟或妹妹相伴，長大的路是否不會那麼孤單也不那麼辛苦，一個人再篤定、再堅強，也難免會出現傷痛和徬徨，假使有兄弟姐妹在身邊，有人對話，有人揶揄，有人打鬧，她的人生應該會更完整吧？

女兒的人生不必令人稱羨，但我希望她可以過得踏實、自在，如果她會喜歡自己的人生，這樣我此生無憾了。

Day 042

/ 夜
/ 幸好有你，傷沒有那麼巨大
/ 牽著黑皮在公園散步的 K

妻子離開後，有一段日子似乎有什麼不自然的感覺藏在生活的細縫裡，既不是悲傷，也不是寂寞，當然悲傷還是存在，只是變得沒有那麼巨大，也與它慢慢拉遠距離了。辦完妻子的後事，我恢復過往的生活，每天準時起床，準時上班，在會議與會議之中穿梭，在老闆與部屬之間拉扯，偶爾陪客戶應酬、陪老闆打球。明明過著和以前一樣的日子，卻感到莫名的陌生。

後來，我漸漸明白原因，我心裡破了洞，原本被妻子保護的地方，在她離開後，已經變得殘破不堪，即使在同樣的場景做著同樣的事，都因妻子的離世而不再同樣。從前總以為是妻子依賴我，後來才發現，是我更依賴妻子，我的人生是因為她的存在才得以平衡。

那段有體無魂的日子，因緣際會下收養了「黑皮」，是牠陪我走過那段荒蕪，陪我等待心裡的破損慢慢復原，讓我的狀態得以平穩下來。初見黑皮那時，牠的狀態很差，不知被誰殘忍虐待，即使全身黑毛，還是看見到處是傷，骨瘦如柴，虛弱不堪，像是剛從地獄拉上來的模樣。後來帶黑皮回家照顧，剛開始牠對人仍會恐懼，過了好一陣子才慢慢放下戒心，相信我不

會傷害牠。而我也因為照顧黑皮，從妻子離開後的搖搖欲墜中漸漸找到平衡。

或許，我能與黑皮相遇，就是為了撫平彼此的傷吧。每一個傷痕累累，應該都是一種解方，替另一道傷提供解答，藉此也給自己帶來力量。

/ 早
/ 是否能像程式語言一樣單純
/ 坐在辦公桌前喝了兩口咖啡準備工作的 J

經常有人問我為什麼會學程式語言,選擇程式設計這份工作是因為待遇不錯嗎?或許學程式設計的確實不擔心找不到工作,但待遇好壞就要看個人造化與老闆良心了。我之所以選擇程式設計,不是因為容易找到工作或是薪水優渥,當初並沒有考慮到那麼多,就只是覺得程式語言「單純」而已。

程式語言由於被標準化,所以有邏輯、有規則,即使現在有上千種程式語言,還是有它固定的邏輯與規則,你對電腦發出什麼指令,它就採取相對應的動作,準確而不會搞錯。跟人溝通就相對麻煩了,你給出同樣的內容,有些人理解的就是會不同,譬如你跟人說「買蘋果」,有人會買一大袋蘋果,有人會買一盒切好的蘋果,也可能有人會買一支iPhone。

你給電腦發出什麼樣的指令,它就給你什麼樣的動作與結果,沒有喜惡,沒有誤解,沒有反駁,不會造成任何人的困擾。如果與人相處也能像程式語言這樣簡單、清楚,那該有多好?

/ 近午

/ 繞了遠路的風景

/ 前往新聞現場的路上，卻跟著攝影大哥迷路中的 S

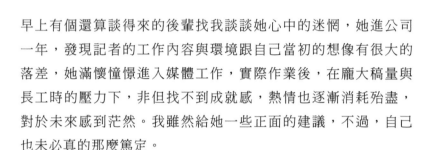

早上有個還算談得來的後輩找我談談她心中的迷惘，她進公司一年，發現記者的工作內容與環境跟自己當初的想像有很大的落差，她滿懷憧憬進入媒體工作，實際作業後，在龐大稿量與長工時的壓力下，非但找不到成就感，熱情也逐漸消耗殆盡，對於未來感到茫然。我雖然給她一些正面的建議，不過，自己也未必真的那麼篤定。

我想起印象深刻的一段話：「過去總以為只要走錯路就再也走不到想去的地方，後來發現還是會到達的，只是需要彎彎繞繞，花費比較多時間。所以不必害怕一時走錯，不要擔心浪費時間，要相信自己每次選擇都是有意義的，勇敢面對眼前的路，終會抵達該去的地方。」

即使走錯了，繞了遠路，一定存在著某種意義，不必擔心錯了，說不定在那路上會有意想不到的風景與體會。假使不知道該抵達哪裡，或許可以先出發再思考，我們有時是在動身後才想通的。每當自己彷徨不定的時候，我會試著這樣告訴自己。

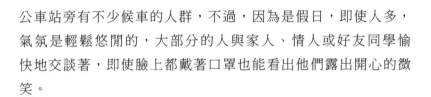

Day 051

/ 傍晚
/ 照亮我的月光
/ 與 S 聚會結束，正在等候返家公車的 A

公車站旁有不少候車的人群，不過，因為是假日，即使人多，氣氛是輕鬆悠閒的，大部分的人與家人、情人或好友同學愉快地交談著，即使臉上都戴著口罩也能看出他們露出開心的微笑。

其實我是羨慕S的，漂亮又高䠷，個性直爽，受人歡迎，幹練自信，總是明白自己該做什麼。而我是那麼平凡不起眼，習慣躲在角落不被人注意。我們兩個就像是不同世界的人，但她從高中開始便是我最要好的朋友。

我們陪伴著彼此度過那些苦澀的、辛酸的與徬徨的青春年少，不過感覺上總是她在照顧我，她改變了我看待人事物的心態，接受成長時必須面對的妥協，接納自己的缺陷。<u>有些缺角可以等待某些美好的人事物來為我們填補，有些陰暗可以等待某些人帶著燈火來照亮。</u>

我想，S就是來照亮我的月光吧。

/ 下午
/ 不是用不到，只是不知道
/ 剛與廠商視訊會議結束，坐在會議室喝茶稍作休息的 K

因為疫情關係，有些公司已經開始實施在家上班，或者禁止訪客進入辦公室。最近跟客戶或廠商開會大多是使用會議軟體遠端討論，會議軟體並不是什麼新穎高端的科技，只是過去沒有被普遍使用，多數人還是認為「見面三分情」，當面談能判斷氛圍比較容易成事，包含我自己也是這麼想的。

這陣子不得不使用會議軟體與人線上開會，反而開始懊悔自己過去為何不常用，會議軟體是好東西啊！遠端開會節省了許多移動的時間，減少了奔波的疲勞，讓我有更多時間與心力處理工作，效率提高不少。假使要講交情，當然見面商談能夠展現誠意，不過要談的是事情，遠端討論才是有效率的模式。

經驗，往往是我們判斷與執行的助力，卻也可能成為進步與改變的阻力。很多事都是持續練習與形成習慣，才會變得更好。我想，學過的東西之所以沒用，通常是因為平常都沒有試著用。有很多讓自己更好的做法並不是不知道，只是我們總以為自己做不到、用不到。

/ 清晨
/ 找個能相信的事物
/ 決定傳簡訊給主管請兩小時病假的 A

窗外傳來大雨的持續巨響，像是打算把萬物都沖走般的那種暴雨。

你告訴我要分手那天，外頭也正下著傾盆大雨，雨嘩啦啦轟炸著，我一度聽不清楚你說的話，或許並不是因為雨聲，而是我的心開啟了自我保護，不讓那些話進入耳裡。大概是因為這樣，現在的我只要遇到豪雨，就會出現躁鬱不安的情緒。我比自己想像中還要脆弱。

好羨慕那些人可以說走就走、不再回頭，我不是沒有試著起身前進，以為自己在遠離，卻只是原地打轉，遇見某個景、某件事，很快就被打回原形。有人說，當你站不住、走不下去的時候，緊抓住某個自己堅信的人事物，把它當成拐杖撐著自己。對我來說，那堅信的人事物就是媽媽與S，還有「我一定會好起來」這句話。

雖然這場大雨又把我的心打得隱隱作痛，但雨會停，淚會乾，我會好起來的。我要這麼相信著。

/ 下午
/ 繞點遠路也會抵達
/ 在公司茶水間喝杯水喘口氣的 S

那個對現況感到挫折、迷惘的後輩又來找我聊，我只好把之前跟她說過的，再換另一個方式說明。

我拿出採訪用來筆記的大尺寸手機，用觸控筆在上面畫兩個點，指著一個點是表示現在的狀態，另一個點則是我們理想的目標，然後在兩個點中間畫了一條相連的直線。我剛開始也以為這樣就可以直接到達想要的目標，後來才認清那是不可能的。

接著，我再畫出一條像是心電圖般曲折的線將兩點連在一起，跟她說這才是現實。我們都想用最快的方式到達想去的地方，無奈的是，總要花費更長的時間走曲折不斷的路，經常是自己認為走在前進的路，結果卻是逐漸偏離。之所以會出現這樣的情形，是因為自己想做的多過自己現在能做的，才會需要花費一些時間與經歷去補足與摸索。

有些人發現走錯了、繞遠了，就決定放棄，這是很可惜的事。只要明確地、務實地清楚自己的目標，終會抵達到那裡的，那些走過的路都是有價值的，端看自己是否有足夠的毅力與勇氣

去面對。走在前面的人，或許會先看見許多風景與狀況，但不代表每個人會看見同樣的東西。我們可以分享自己的經驗，卻不見得有辦法帶著別人走，因為每個人都有各自要走的路，難免迷惘，不過，要相信這一路遇上的人事物都是有意義的。

我仍在曲折的路上，但我願意花時間走到更好的地方。希望她能理解要通往理想總得先找一陣子路。

/ 早上
/ 沒了信任，有愛也枉然
/ 在客廳舖好的瑜伽墊上伸展身體的 F

讀者問我有沒有遇過這樣的狀況，就是自己還愛著那個人，卻已經無法再信任對方，不論他說的事多麼真實，而自己的心情就是無法踏實。我想，那是在感情裡最痛苦糾結的狀態。在沒遇到那種狀況前，大部分的人都會以為愛與信任是同時存在的，沒料到未必如此。

當信任還存在時，你的愛可以替這段感情慢慢堆疊出未來；一旦信任不存在，就會覺得自己的愛與時間是一種成本，然後開始思考是否應該耗費成本去堆疊一個可能會倒塌的未來。

沒了信任，有愛也枉然。即使你還感覺到彼此有愛，一旦沒了信任，心是不會安穩的，你會懷疑，你會忐忑，你會憂慮。信任才能讓你內心感到舒適，更願意交流、分享自己的感受與傷痕，那會成為一種正向循環，越多交流與分享，彼此會更自在與信任。

萬一處於這種不信任的感情狀態，去問任何人該怎麼辦才好，他們都會說：快點離開那個人吧。

但，往往身為局外人才能說得篤定、說得輕鬆，而真正身處在這種愛與信任失衡狀態的人，是不可能灑脫得說離開就離開，最終會等到愛在一次次的失望中消耗殆盡，才有辦法下定決心放開手。

因為相信，我們才能毫無保留去愛，很多人認為愛可以克服一切，其實，信任才是根本，愛並沒我們想像中那麼強大。

/ 晚上
/ 還原最初的狀態
/ 用造型磁鐵將明信片固定在冰箱的 J

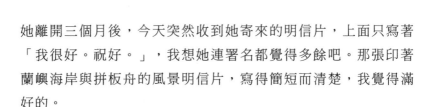

她離開三個月後，今天突然收到她寄來的明信片，上面只寫著「我很好。祝好。」，我想她連署名都覺得多餘吧。那張印著蘭嶼海岸與拼板舟的風景明信片，寫得簡短而清楚，我覺得滿好的。

我相信她可以好好照顧自己，她與我不同，很能適應環境，懂得應對，身段柔軟，但該強勢時也不會妥協，那是在艱苦的成長環境下，不得不練就的生存能力。

收到她的消息，心情沒有起伏，只要知道她好好的就夠了。對於她的不告而別那麼快就能釋懷，連自己都感到訝異，或許是內心早已隱約感覺到我們兩個是不同世界的人，有些事情一直在看不見的地方悄悄醞釀，每每總是說服自己想多了，因而不去面對，能拖多久算多久，她的離去只是時間早晚的問題。

我們以為的失去、被丟下，有時都是自以為是，只不過是還原到本該如此的狀態。想不到我居然這樣就放下了，真的長大了呢，值得替自己掌聲鼓勵啊！

/ 下午
/ 有趣的工作與無趣的工作
/ 在座位上聽完同事抱怨的 K

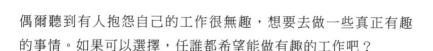

偶爾聽到有人抱怨自己的工作很無趣,想要去做一些真正有趣的事情。如果可以選擇,任誰都希望能做有趣的工作吧?

只要有機會、有能力,我絕對鼓勵人要勇敢去做自己認為有趣、有意義的工作。但,不少抱怨工作無趣的人,當問他想做什麼有趣的工作、什麼是自己真正想做的事情,他不是答不出來,就是說出來的事連自己也未必有把握、有勇氣去做。

剛進入職場那幾年,我也有過工作與想像有落差的感受,也有那種有志難伸的想法,後來才慢慢認清自己能做的與自己想做的未必一致。現在只要聽到有人抱怨工作無趣,我會建議他先試著把自己能做的、可以做的事情做好,把麻煩、討厭或無趣的工作做好。因為當你能把那麻煩、討厭或無趣的工作都能做好了,還有什麼事你做不到?

/ 午後
/ 該告別的是我自己
/ 遠遠看著像他的人走進便利商店的 A

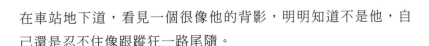

在車站地下道，看見一個很像他的背影，明明知道不是他，自己還是忍不住像跟蹤狂一路尾隨。

我會不會這輩子都忘不掉你了？我想咒罵你，我想怨恨你，我想厭惡你，但怎麼都做不到，只會不時責備自己為什麼時至今日還是想念著你、還是會難過。我開始擔心，傷心並不是一種暫時狀態，它已經變成我的體質。

有人說該成熟接受，去尋找自己的未來。我也想學著接受，可是一顆心已碎成處處是鋒利的尖角該如何徒手收回？我也想尋找未來，可是美好的回憶與失去的痛苦像荊棘似的困住我該怎麼逃出？

我已經習慣朝你的方向接近，如今要我往反方向遠離，實在很難說轉頭就轉頭，我在你的生命裡是不是注定要離去，即使我一直努力朝著你奔去。如果我們注定要分開，我最該告別的，或許未必是你，而是這個沒用的自己。

/ 早
/ 不得不做的事
/ 在茶水間泡了一大壺茶準備工作的 K

來公司的路上聽了一集 Podcast。

主持人問來賓:「你覺得人們過得不快樂的根源是什麼?」
來賓回答:「因為大部分的人都不是他們想要成為的那種人,
而是他們不得不成為的那種人。」

我聽了忍不住苦笑,好像是這樣沒錯,現在過的日子與年輕時
想像的不一樣。但,我並不覺得氣餒,所謂成熟的大人,所做
的未必是自己想做的事,而是自己應該要做的事。

人是有情感、有社會性的,所以我們的思考與決定會被某些人
事物所絆住,比方說責任,比方說感情,比方說他人的眼光。
能夠選擇成為自己想成為的人、做想做的事當然求之不得,但
我們必須顧及身邊的人,並不是受限於社會的規範,而是人們
彼此之間的愛與羈絆,為了家族,為了群體,為了自己所珍愛
的人,不選擇自己想做卻沒把握的,而選擇自己擅長的、會做
的與該做的事,也許才是明智的決定吧?

或許有人會認為,成為驅動這個世界的微小零件是平庸、沒志

氣的想法。不過，即使是過平凡的人生，但也能用盡全力去過，既然沒能力也沒機會經歷非凡人生，至少在自己的能力範圍盡量做到最好，做好該做的事，善待身邊的人，照顧好自己的生活，這樣已經是了不起的事了。

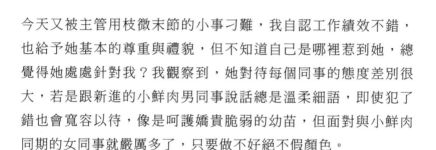

Day 077

/ 下午
/ 被刁難也是成長的動力
/ 因為生氣在座位上猛塞零食發洩的 S

今天又被主管用枝微末節的小事刁難，我自認工作績效不錯，
也給予她基本的尊重與禮貌，但不知道自己是哪裡惹到她，總
覺得她處處針對我？我觀察到，她對待每個同事的態度差別很
大，若是跟新進的小鮮肉男同事說話總是溫柔細語，即使犯了
錯也會寬容以待，像是呵護嬌貴脆弱的幼苗，但面對與小鮮肉
同期的女同事就嚴厲多了，只要做不好絕不假顏色。

長大的無奈，或許是漸漸習慣這個世界充滿著莫名其妙的事和
不可理喻的人。但，長大的美好，就是我們能夠選擇自己該走
什麼樣的路，該成為什麼模樣的人。

至少我清楚自己不會選擇成為像主管那樣的人。雖然在這個世
界，莫名其妙的事與不可理喻的人已成主流，不過，我不會想
變成不可理喻的人，然後去做莫名其妙的事。即使還沒找到該
走的路，起碼已經清楚不該去走什麼樣的路。

有時，我會為了每天要面對這樣的主管感到無力，但，如果連這
麼一點小麻煩都不想面對，怎麼有辦法去完成更重要的事情。想
想，她也算是我的逆境菩薩，一種推進我的人生動力呢！

Day **078**

/ 午後
/ 時候到了？
/ 在咖啡店寫完稿，回覆社群網站留言的 F

我有時會將讀者寄過來的問題經得同意後貼在社群網站，因為自己的答案未必就是對的，開放讓網友們給予意見，好讓陷入難題的讀者有更多方向可以參考。我也希望藉由那些迷惘的、傷心的、或難熬的故事給其他讀者們警惕與思考。

在那些讀者來信的貼文，偶爾會看到有人留言，寫著：不就是遇到爛人糟事，還有什麼好眷戀？怎麼會放不下？何苦繼續傻下去。

我想沒人會眷戀不好的人事物，大家都會想要放下不堪，但往往不是自己能夠控制的，總有些什麼絆住我們，比方說親情，比方說責任感，比方說心軟。

局外人總是最清醒，不過，當人身陷其中，即使再聰明再冷靜都可能會絆住，生活給予的試煉往往不是表象呈現的那樣單純，眷戀、放不下未必是傻，有時，為了保全自己覺得應該珍惜的，而選擇繼續處在那樣的狀態裡，那也是勇敢堅強的事。

時候到了，我們會看開，自然會放下，在那之前，只能盡量好好照顧自己，好好抓住可以支撐自己的人事物，等待撥雲見日的那一天。

/ 早
/ 默默喜歡的動力
/ 在電梯裡看到 A 第十六次微笑的 J

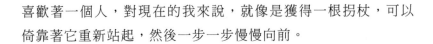

喜歡著一個人，對現在的我來說，就像是獲得一根拐杖，可以倚靠著它重新站起，然後一步一步慢慢向前。

她對我有沒有同樣的感覺並不重要，我也不想因為知道她不喜歡我而難過，所以保持現狀就好。默默的喜歡，我不用感到歉意，不會覺得痛苦，她也不會有任何困擾的情緒。單純地去喜歡一個人，是很珍貴很愉快的事，不想因為刻意去示好、去追求，而失去這個美好的時刻。

光是替她按著電梯開門鈕，聊幾句天氣晴雨暖涼無關緊要的話，已感到歡喜。並不是每個人都想找到岸才出航，有人只是想要體驗海上有什麼風景，只是想要任性地隨風而行。

我小心翼翼地走每一步，不要越來越遠，也不能靠得太近，盡量保持一個可以關心她且不會讓她感到不舒服的距離。這樣就已經很好。

Day 081

/ 傍晚
/ 謝謝那些善待我的人
/ 吃完紅豆餅心滿意足喝著茶的 A

下午 J 送申請文件過來的時候，順道拿了一顆紅豆餅給我，說是公司附近非常有名的老攤，雖然不好意思，我還是心懷感激地收下。趁空品嚐，咬下去口感非常紮實，紅豆餡飽滿到幾乎快爆出來，餡料綿密又還保有紅豆的顆粒，味道樸實卻令人驚艷，內餡不會完全搶走餅皮的味道，兩者搭配起來非常完美，會讓人想一吃再吃，難怪是名攤。

讓我想起前陣子才看的日本電影《戀戀銅鑼燒》，日文片名叫做《あん》，傳統的銅鑼燒內餡也是用紅豆，故事是圍繞著一間銅鑼燒小店而展開的，由永瀨正敏與樹木希林主演。我非常喜歡片中一段描寫準備紅豆餡的情節。

在天未亮的清晨，老婆婆帶著店長準備銅鑼燒的內餡，工序非常繁瑣、仔細。
「一定要好好盛情款待。」老婆婆突然說。
「對客人嗎？」店長有點感到莫名其妙。
「是對紅豆。」
「啊？」

「因為人家是好不容易才從土裡生長出來了嘛！」老婆婆溫柔地笑著。

看似平淡，卻給了我很大的鼓勵與提醒。一件事會有什麼結果，往往取決於做的人是懷抱著什麼心態。我們出現在這個世上，就是為了面對這個世界，為了傾聽這個世界，為了珍惜這個世界。就算我們沒有成為什麼，或是沒有得到什麼，都有繼續活下去的意義。好好活著，用心活著，善待自己，善待身邊的人，自然就更容易眷顧。

雖然偶爾會受傷，還好身邊還是有願意善待自己的人，讓我在感覺墜入黑暗時，給了我溫柔的火光。謝謝每位善待我的人，謝謝 J 的紅豆餅。

/ 上午
/ 衝動只會壞事
/ 在洗水間大口深呼吸緩和情緒的 K

與我同期進入公司的同事，現在是另一個部門的大主管，打從一開始，我就不喜歡這個人的工作風格，做事充滿算計，總是習慣用一些旁門左道的方法來完成目標，或許正是這樣的人才容易成功吧，他已經升到比我更高的職位。剛才他路過我們部門，突然走進來對我嘲諷一番，一付「你就是沒照我的方法做，才會還在原地踏步」的嘴臉。

他離開後，部門的小朋友走過來替我抱不平，說那位同期又不是我上司，憑什麼跑來這裡頤指氣使，我苦笑告訴他沒事，謝謝他的關心。

在職場上打滾久了，許多事已經無所謂了，只想要盡量維持著自己的步調，早已懂得衝動只會壞事，每天要應付的鳥事賤人已經精疲力盡，不想再為了不重要的人事物節外生枝。

大人的世界是由妥協與看淡所組成，各有各的辛苦與心酸，也各有各的應對之道，日子已經夠累人了，不必再讓自己的心更累。與其爭一時長短，不如比看誰的氣長。

A　　　　人與人之間最難到達的，或許是悲傷吧？我們得要越過
　　　　　自己的悲傷，甚至是別人的悲傷，才能抵達到對方。有
　　　　　時，我們以為抵達了，結果那裡只剩寂寞。

J　　　　覺得悲傷，走下去時沿路都會是淚水；覺得孤單，
　　　　　眼前的景物怎麼看都是孤寂。

S　　即使走錯了，繞了遠路，一定存在著某種意義，不必擔心錯了，說不定在那路上會有意想不到的風景與體會。

K　　每一個傷痕累累，應該都是一種解方，替另一道傷提供解答，藉此也給自己帶來力量。

Day　n　Day

Day

n

Day

Day

n

Day

輯
三
╱

有些人事物不會消失，
會轉化成什麼而留下；
卻也有些會被時間慢慢分解
而消失殆盡。

/ 上午
/ 言語的力量
/ 發現冰箱裡的牛奶已經過了保存期限的 A

有些話在說出口後就已經後悔，也無法立即收回，當下又拉不下臉，只好繼續嘴硬下去。結果累積了很多很多的對不起，卻再也沒有機會跟你說，也許就算跟你說，一切都太遲了，再也回不到從前。

任何話都有它的有效期限，只是我們都不清楚確切的時間，就連說出口的人也不會清楚。說那些話時，無論是真心相信或是無心說出，不管是諾言或是咒罵，當話一說出口後，就會開始變質，只是時間快慢而已，那些好話、壞話、情話、氣話，到最後都會風化直到分解消失。很多事、很多話都是過去就過去了，再也不是本來的樣貌，所以一直記得那些話的人都只是在自討苦吃。

語言雖有期限，卻是有力量的，有時會因為我們說的一句話，而改變一件事的走向，一段關係的親疏，甚至是一個人的人生。只是我們往往輕忽了自己說話的影響，沒有確實好好表達心意，也經常誤以為別人說的話就是真切的，於是一直放在心裡，殊不知那句話早已過期。

/ 早
/ 藏在數字後的悲傷
/ 看著電視新聞一邊更衣準備上班的 J

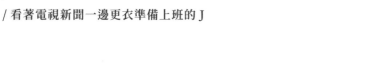

看著新聞播報新冠肺炎的全世界死亡人數已達數萬人,畫面一旁是整理全球確診人數與死亡人數的字卡特效,那些數字每天以驚人的速度激增,而我就這樣每天看著那些數字,時間一長,才發現自己漸漸感到麻木。任何事物一旦數字化之後,似乎就會變得中立、客觀、不帶情感,明明那些數字代表著好幾萬人的生命啊。

之前讀過日本導演北野武的一篇文章,他說:「人命並不是死了兩萬人還是八萬人這樣一件事。與此相反,它代表的是死了一個人這件事,發生了兩萬次還是八萬次。」

死了一個人這件事,也不只是一個人死亡那麼單純,背後還牽動了很多很多的悲傷、痛苦與磨難,與那位亡者有著緊密關係的人,他們的人生甚至為此而產生巨大的變動。但,我們只是事不關己地看著新聞播報出死亡人數的數字,繼續想辦法過好自己的日子,祈禱自己不要成為那數字的其中之一就好了。

/ 下午
/ 質疑留下的傷
/ 整理好探訪筆記，準備要寫播報稿的 S

下午替同事代班去跑疫情記者會，現場有記者提問表示大眾質疑有人隱瞞症狀或行蹤，帶著病毒到處跑，擔心那些人會造成防疫的漏洞。防疫指揮官聽完提問表情凝重，呼籲大家要有同理心，若社會大眾以獵巫心態、有色濾鏡來看待此事，更會讓人不願配合調查，隱瞞實情，造成防疫的破口。他強調目前疫情能夠控制，主要靠的是信任，信任醫療人員的專業，信任每個人都願意據實以告，也請大家要對彼此有信心。

是啊，需要隔離的是病毒，而不是人。懷疑、攻擊與鄙夷，沒有任何幫助，或許我們因為病毒得要暫時將彼此的距離拉遠，可是也要試著別讓彼此的心越來越遠。

疫情終會過去，病痛能夠康復，但那些因為被質疑、被歧視在心裡留下的傷，卻是難以痊癒。

Day 090

/ 傍晚
/ 原來我一點也不瞭解他
/ 在公車上盯著買回家的多肉盆栽「白牡丹」發呆的 A

今天下午去逛市集，有一個販賣多肉植物與小盆栽的攤位，擺設很有質感，挑選的容器也有品味，吸引了我和S駐足觀賞。她說，應該要買一株仙人掌回去，我問她為什麼，她笑說要防公司裡的小人！

有一對情侶也停下腳步，在攤位前看了一下，男生馬上拉著女友離開，口中還說盆栽有什麼好逛的，可任誰都能看出女生是想留下來逛的。

他們離開後，S轉頭跟我說：「以後我談戀愛，如果遇到這樣的情形，對方不願意陪我留下來，我應該會想要分手。」

我說：「我也不想要有這樣的情形發生……」想了想又說：「不過，我大概會因為愛就算了，選擇忍受，配合對方，然後在那段感情裡越來越不快樂。」

「放心，我會打醒妳的，萬一我也犯了傻，妳也要記得打醒我哦！」她笑著說，「我們要當彼此的仙人掌！」

我想起以前與他的相處，他總是以我為主，也因為他很少表達自己的想法與需求，彷彿他有很多的部分是我沒看到、摸不透的。或許，我對那段感情的不安，源頭是來自於我並沒有真正了解他。會不會他決定離開，是因為他為了我放掉了太多自己想要做的事、想要去的地方，所以他不想再為誰而放掉了。但，我也不會知道了。

Day 092

/ 下午
/ 一點小利有可能破壞情誼
/ 聽完朋友抱怨客戶難搞的電話的 K

之前介紹一個客戶給朋友，他問：「如果這個案子成了，我退佣金給你好嗎？」

我回：「不用，最多請我吃個飯就好，雖然案子是我介紹給你的，但這個窗口我也不熟，所以是好是壞，我也不清楚，之後怎麼合作就看你們怎麼談，我幫不上任何忙。」

很多時候，人與人之間會出問題，往往是因為有了利益關係，把原本單純的好意變成複雜的事情，許多爭執與誤會，都是從得到好處之後慢慢出現的。一旦收了錢，這件事情好壞成敗，我也有了責任，也違背了當初單純想引薦雙方認識的原意，為了一點小利，而壞了自己的名聲，算起來一點都不值得。

有機會，我願意給，但之後的好壞就要看自己的實力，請自行負責。這不是冷淡，只是我不想友誼因為這樣一點點利益而變了調。

/ 傍晚
/ 變老未必是一件壞事
/ 坐在咖啡店的落地窗前喝著茶，看著窗外街景的 F

今天被店員稱讚像三十幾歲，明知是客套話，心裡還是暗自欣喜，因為她的嘴甜，讓我不爭氣地多買了兩件。朋友說，被人說年輕，心裡會高興，表示已經老了。其實，我對於變老這件事是看得開的，衰老然後消逝，這是生命的必經過程，我們本該學會接受與適應。歲月未必只會催人老，它會讓我們慢慢累積，然後堆疊出更適合現狀的自己。

這幾年盛行各式各樣的「大人學」，網路上經常有人分享類似文章，書店裡陳列著豐富多樣的相關書籍，也有單位開設相關的課程內容。我們走過迷惘、追逐成就、活在他人眼光下的年輕歲月，接下來要走向明白自己想要什麼、為自己而活的大人之路。

走過的路長了，遇見的人多了，經歷的事雜了，心境也漸漸靜了。過去總是習慣爭取，喜歡獲得，後來才發現，人生最需要的，不是大喜大樂，而是淡定與從容。擁有一副健康的身體，一個牽著手的愛人，一位知心的好友，一個自在的心態，一份喜歡的工作，一種安穩的生活，這就是人生最大的奢侈了。

Day 097

/ 近午
/ 不得已的必然
/ 在回公司的路上望著車窗外的 S

早上有個採訪工作要在車站進行，沒想到在車站大廳巧遇許久未見的高中同學，她現在是銀行的理財專員，正要去拜訪客戶。前陣子才與A聊起她，高中時她與我們感情不錯，經常玩在一起。因為還有工作在身，所以只是短暫聊了一會兒，交換完聯絡方式就離開了。

不過，就這樣短短的幾分鐘，我心裡已有了底，自己應該不會主動找她了。我們曾經是同類的人，但各自經歷了不同的人事物後，終究變成了完全不同的兩種人。或許，可能從一開始我們就不是同類，只是誤以為一樣而已。

還是會傷感，還是會惋惜，現在的我已經能看淡某些人終究會在某個時候為了某個原因走散，所以，我們更要珍惜每個遇見、相處的人。許多事情會讓彼此更親密，相對的，也會有一些事情導致彼此疏離。

有些人會走散，並不是誰對誰不夠好，或是誰無情，只是我們隨著人生每一個階段而變化著，變得獨立、變得沉穩，開始能夠理解，自己的心力有限，生活中能夠好好對待的事情不多，

身邊適合什麼樣的朋友、喜歡什麼樣的對象也會越來越明確。萬一走上了不同的路，那都是不得已的必然，至少我們可以給予祝福，願彼此一路順風，平安無事，找到自己的目標。

那些走遠走散的人，也許還會在某處相見，只是我們再也不是當初的我們了。

Day 098

/ 傍晚
/ 回不了當初的單純
/ 坐在公車候車亭的 A

今天與S喝下午茶，聊到她昨天在車站遇見以前跟我們感情很好的高中同學。不過，她說同學變了很多，並不是變得不好，只是很清楚彼此合不來，頻率對不上。老實說，我並不感到意外，因為我也不再是過去的我，我問S是怎麼覺得「合不來」？

她偏著頭想一會兒才說：「或許是我不喜歡太機靈、太世故的人，尤其是會隱藏自己想法、看場面說話、討好旁人的人。也不是說隱藏想法不好，對於不熟的人會有所保留，這樣不只是保護自己，也是怕不小心傷害了對方。可是，如果一個人非常聰明地包裝自己的意圖與人交往，我會無法自在安心地跟這樣的人相處。」

我大概能理解S的想法，隨著時間流轉，被現實擠壓後，內心勢必會產生或多或少的皺摺，我們總希望有人至少能將某部分撫平，那是莫大的安慰。

面對處得來的朋友，最基本的要求，至少不會需要防著他把自己的心弄皺。有些人是需要你才對你好，並不是因為珍惜你而對你好。

91

失去曾經無話不談、共享秘密的人，真正讓我們難過的，也許是明白自己回不去那個單純的時候了。

/ 夜
/ 不會回到我身邊
/ 看完一篇關於走出情傷的網路文章的 A

我不會因為聽過一些破鏡重圓的故事，就天真地以為失去的都
有機會回來，我一直告訴自己不要再等了，等待是白費心力，
那個人不是走錯路，是從我身邊離開了。經過這些日子，我才
終於明白，「他回到我身邊」不是我該執著的，而是該學會接
受「他不會回到我身邊」。接受他不會回來的事實，不再站在
原地看著他走遠的那方，而是轉頭看向自己的未來。

不再執著自己受過的傷，而是讓自己可以開始好好療傷，才有
復原向前走的機會。

不過，知道未必就能馬上做得到，就算想要療傷，就算不想等
待，不知為何，還是無法向前走，連踏出一步都辦不到。我現
在等的，就是可以自己向前走的那一天。或許我現在最大的問
題，是知道自己受了傷，卻不知道該從哪裡止血，如果不能找
到那個傷來治癒它，我就無法繼續向前走。

暗戀，是一場甜蜜的折磨，是美好的煎熬。

很多人覺得沒有結果的暗戀是可憐的、悲哀的。但，對方喜不喜歡我，不是我能選擇的，而我可以選擇自己要喜歡誰。默默喜歡，不會造成任何人的困擾，還能保持著我對愛的想像。

我沒有告訴任何人，如果朋友知道了，他們會力勸我去告白，但是我不想搞亂心裡的美好想像，所以我目前想做的，不是告白，是製造各種能夠與她接觸的機會，像是在上班時假裝偶遇，送文件過去只為看她一眼。我覺得我們之間保持這樣的距離就足夠了，她的存在成為了我生活的動力。默默喜歡著一個人，也會慢慢讓自己變好。

也許，我喜歡著你，在那同時也會開始喜歡那個喜歡著你的自己吧？

/ 下午
/ 爲了符合期待而慢慢成長
/ 看著其他部門的同事在會議上大放厥詞的 K

在社會裡打滾那麼多年，誰沒遇過幾個看不順眼或合不來的
人，總有失敗與犯錯的時候，也難免莫名其妙被人中傷或被人
討厭，氣憤、氣餒都有過，甚至連生活與工作也受到影響。

後來，或許是習慣了，甚至是想通了，我們出來工作，是為了
自己，為了家人，所以不必在意那些不重要的人。我們那麼
努力，並不是要讓誰來接受自己，只是不想讓自己失望。我們
不可能在任何狀態下都能揮灑自如，即使有些事我們做不到最
好，也會從中學到變好的訣竅。

當然還有很多做得不好應該改善的地方，但我不再自我懷疑，
因為我相信現在的自己是為了符合外在期待與環境狀態而慢慢
形成。但願有一天我會更喜歡現在的自己，即使是被生活塗改
過後的自己。

/ 夜

/ 之前的好無法抵銷現在的痛

/ 看著電腦螢幕裡與他合照的 A

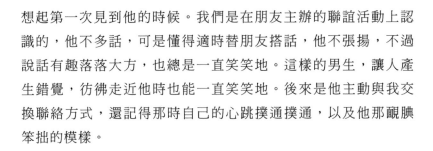

想起第一次見到他的時候。我們是在朋友主辦的聯誼活動上認識的，他不多話，可是懂得適時替朋友搭話，他不張揚，不過說話有趣落落大方，也總是一直笑笑地。這樣的男生，讓人產生錯覺，彷彿走近他時也能一直笑笑地。後來是他主動與我交換聯絡方式，還記得那時自己的心跳撲通撲通，以及他那靦腆笨拙的模樣。

愛的起頭都是美好的，可是結束往往是痛苦的。我想要用失去的痛抵銷在一起時的好，才發現那是不可能的，因為那是兩個各自存在的事實，根本抵銷不了，正因為那些在一起時的美好記憶，更加深了我失去後的痛與悲。

有人說找對象就好，用新的好抵銷舊的好，但是原本的美好還存在心裡，怎麼會還有空間再容納新的呢？如果像電腦一樣，可以把記憶中的某個檔案夾刪除，該有多好。

/ 傍晚
/ 不同的世界
/ 要帶著紅豆餅去找 A 的 J

今天聽同事聊到A，知道她有男友，若說心裡沒有不舒服，那是不可能的，當心裡有愛時，一切都會變得敏感。比方說甜，比方說苦，比方說痛。

既然我選擇了默默喜歡，便要接受我們兩人是不同世界的，我說的「不同世界」，是在她的世界裡我們是同事，但在我的世界裡我們不只如此，所以我不能干涉她的世界，不然也會破壞了自己的世界。有沒有男友是她的感情狀態，與我無關，除非我決定告白，然後踏出自己的世界。

有人說喜歡一個人，跟他做朋友只是個起點，若視為終點就永遠得不到愛。不過，什麼才是終點呢？應該是能夠白頭偕老吧？可是我無法去想像那麼久遠之後，只想守護著當下最純粹、簡單的感情，是默默喜歡A的這份感情把我從低潮苦悶的泥淖裡拉出來，選擇暗自喜歡，這不是傻，更不是無可救藥，只是保有自己架構起來的感情世界的一種方式而已。

/ 上午
/ 想要好結果，先要有好態度
/ 被主管臨時調班，然後同事工作沒處理好，
　現在時間緊迫只好自己處理的 S

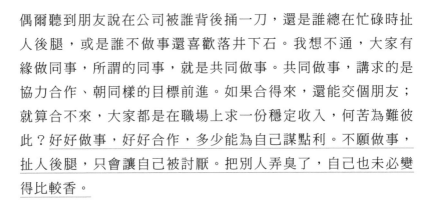

偶爾聽到朋友說在公司被誰背後捅一刀，還是誰總在忙碌時扯人後腿，或是誰不做事還喜歡落井下石。我想不通，大家有緣做同事，所謂的同事，就是共同做事。共同做事，講求的是協力合作、朝同樣的目標前進。如果合得來，還能交個朋友；就算合不來，大家都是在職場上求一份穩定收入，何苦為難彼此？好好做事，好好合作，多少能為自己謀點利。不願做事，扯人後腿，只會讓自己被討厭。把別人弄臭了，自己也未必變得比較香。

無論是對待同事、老闆、部屬、客戶或是合作廠商，應該都要展現最基本的態度——尊重。當然也要懂得自重，才能被人尊重。如果對待他人的付出是理所當然，如果看待別人的工作是冷嘲熱諷，人家何苦還要繼續盡力做出成果，何必要幫忙設想更多，只求交差了事即可。反之，如果待人的態度是體諒的、專業的、願意一起承擔的，相信別人也會願意共同努力解決問題，也會願意盡量把事情做得更好。想要事情有好的結果，得先用好的態度對待人。

好了，就當我今天被主管與同事惹毛後發牢騷吧。

/ 夜
/ 依賴與愛的不同
/ 在公車上發現從自己座位上看不到車旁行人的 A

今天與媽媽吃飯，她聊到讀者來信詢問感情問題。那位讀者明明知道對方不適合自己，但就是分不了手。連親朋好友們都極力勸離，卻依舊狠不下心來，理智與感情不斷拉扯，陷入進退維谷的痛苦狀態。

媽媽嘆了口氣說：「那就是一種『感情成癮』，知道對方不愛自己或不適合，還是離不開他；或是好不容易分手，卻又叨叨念念，仍渴望能回到對方身邊，就像深陷毒癮般難以自拔。我們在情感關係裡，往往會分不清是依賴還是愛，感情成癮往往充滿依賴。」

我問媽媽，依賴與愛不同的是什麼。

她說：「依賴的背後是一股很強大的索求，需要對方、掌控對方，彷彿沒有了他，自己就無法好好生活。如果見不到他，便會產生不安與焦慮，需要不斷確認、與對方在一起才能稍稍撫平『失去』的恐懼。然而，<u>正確的愛應該是彼此信任，兩人獨立自主，又可以敞開心房真誠的交流，不會因為失去對方而感到世界末日來臨。</u>」

雖然媽媽沒有明講，總覺得她的這番話，也像是說給我聽的。我分不清自己心裡對他是不是依賴，也不認為我們不適合，我想要和他在一起，不會想要掌控他，需要他是因為我愛他。我想在愛裡總會有盲點，因為看到的都是美好的，我們才能傻傻地勇敢愛下去吧。

/ 中午
/ 已經在好轉的過程中了嗎？
/ 跟同事下樓買午餐後回到座位的 A

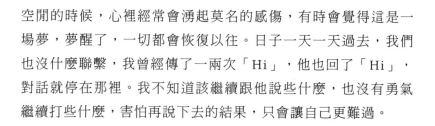

空閒的時候，心裡經常會湧起莫名的感傷，有時會覺得這是一場夢，夢醒了，一切都會恢復以往。日子一天一天過去，我們也沒什麼聯繫，我曾經傳了一兩次「Hi」，他也回了「Hi」，對話就停在那裡。我不知道該繼續跟他說些什麼，也沒有勇氣繼續打些什麼，害怕再說下去的結果，只會讓自己更難過。

人家總說失去的過程總要經歷一段陣痛期，我現在正走在那段最苦最澀的路了嗎？還是，我已經接受了內心的那份傷痛呢？我不清楚，時好時壞，還是這就是好轉的過程？

難過的時候沒有你在身旁，這個事實會讓我更難過，以前總有你在，會溫柔地陪伴安撫我，如今對你來說大概已經是一段往事了，只有我還歷歷在目。我現在可以笑臉迎人了，<u>能笑不代表不傷心，只是我想努力地笑，或許笑著笑著就能真心地笑了。</u>

/ 夜
/ 不在意自己的人無須在意
/ 正在回覆專欄讀者留言的 F

冷言冷語或視而不見，那是一個人對於不在乎的人事物的表現，不必努力讓自己被誰認同，先求能夠全力以赴到自己問心無愧。一個人的冷漠，不等於我們的不對，只代表了那個人不值得我們掏心掏肺。

從小到大，什麼糟糕的人沒有遇過，什麼難聽的話沒有聽過，可是我們仍撐過來了。對人太好，卻常被視為理所當然。我們的好、我們的善良，並不是每個人都值得擁有，不要一直用自己的付出去測試彼此的感情。很多時候，不是不給，只是有些人不配。

這不單指愛情或友情，其實任何關係都一樣，不在意你的人，不值得你去在意。

/ 早
/ 微小的快樂
/ 站在觀景臺回憶妻子手心溫度的 K

成年人的世界不會有單純的快樂,快樂總夾雜着煩惱和憂愁。不,應該是在煩惱與憂愁之間隱藏著微小的快樂,有時快樂會微小到令人找不到它。

很多年前,我與妻子行經某座山谷,那次是她開的車,她說,「我們下車去看看吧」,便把車子停在一個觀景臺前。我和她站在那個小小的平臺,靜靜地看著,可以看到像是種植茶葉的小聚落,還有遠方的山陵線。

她望著遠方說:「站在山上望向遠處,可以感受天地的遼闊,還有自己的渺小,然後會發現自己的那些憂愁與煩惱也一樣渺小。山上與平地像是兩個世界,即使那難過很強烈、背負很沉重,可是登上山的高處,那些事會留在山下原本的地方,而心就挪出了空間。」她接著問我:「以後有空時,我們可以常來山上走走嗎?」我笑著答應,她靠過來牽著我的手,然後一起靜靜地欣賞美景。

即使後來她離開了,只要心煩時,我還是會一個人去山上走走。

Day 121

/ 午後
/ 最好的決定
/ 在電梯裡獨自傻笑的 J

寫程式即使有做充足的備份與再多的測試,還是會出現莫名其妙的bug與意想不到的狀況。

早上送文件到A的部門,她突然問我明天中午是否方便一起吃飯。這個突如其來的發展,讓我的思緒陷入混亂,事情沒有按照原先預想的節奏,我小心翼翼地保持剛剛好的距離,一個可以關心她、不會讓她感到不舒服的距離,她今天的邀約可能會打破我預設好的界線。

我也可以選擇拒絕她的午餐邀約,不過,拒絕也存在著拉遠距離的風險。現實生活中的我沒有什麼堅持的能力,忍不住就像搖著尾巴的狗開心地答應了,能夠跟喜歡的人多一些相處與互動的機會,任誰都難以拒絕吧?也許因此我們的關係會產生某種質變,說不定不是更靠近,反而是遠離?

或許,從來就沒有最好的決定,好與不好都是相對的概念,如果可以,就說服自己走過的就是最好,哪怕將來會後悔,至少當下選擇了自己最開心、最想要的。現在先煩惱明天要吃什麼就好吧。

Day 122

/ 下午

/ 值得花時間等待的事

/ 在茶水間泡杯茶，準備開始工作的 A

我決定找一個與他年紀相仿的男生聊聊，想試著去理解他選擇離開是抱著什麼樣的心情。我知道即使同為男性，觀念不一定會相同，也許，我未必是單純要另一個人的想法，而是我的心情亟需一個出口。於是我約了 J 一起吃飯。感覺他是個思考邏輯特別的人，說不定可以給我一些不同的觀點。

原來 J 的女友前陣子不告而別。我問 J 走出悲傷了嗎？他說應該走出來了；我又問怎麼走出來的？他說，讓自己再次戀愛。沒想到是這麼通俗的方式呀，有點失望，就算這麼通俗、如此簡單，我也做不到。

不過，J 後來說了一些讓我覺得受用的話。他說：「感情這東西沒人說得準，或許沒有犯錯，或許依然相愛，即使想要好好走在一起，可是命運偏偏將我們打散了。那個人不是迷路，是自己選擇走開，走開就是走開，為了什麼原因已經不再重要，妳當然可以選擇等待，但等他回來太磨人，耐心等待自己好起來才是必要的，只有這件事值得妳花時間等待。」

他還說要相信我們會越來越好，總會有一個人的溫暖，可以包

覆我們的所有。我想，因為是被傷與痛狠狠教訓過的人，更能懂得溫柔與同理的吧。找 J 聊天真是做對了，我心裡的沉重好像減輕了一點點。

有一個人重重地傷了A的心，她還默默盼著那個人，聽到這件事時自己當然不好受，但是她願意對我訴說內心的苦與痛，讓我有一點開心，有一種被認可、被允許踏進界線內的感覺。

她問我那個人離開的原因，我無法回答，因為除了那個人，其他人的答案都只是猜想。不過，會擔心與你走散的人，一定會緊緊顧著你，讓你感受到自己的重要，清楚接下來要一起去哪裡；而不會丟下你，讓你孤單無助。這不用猜想，是最清楚易懂的事實。

我明白A的心裡還有期待，但我希望她要懂得對自己誠實，她應該也清楚那個人選擇離開，最大的原因就是不夠珍惜自己；想要知道其他理由，是因為其他理由可以讓自己沒那麼難受。我寧可她花多一點時間讓自己開心，不要一直想要明白他離開的原因而糾結難過。已知的等待，只是靜候時間過去，但未知的等待，卻是一場痛苦的折磨。

捷運會告訴我們還有多久抵達，而離開的人往往只是讓我們空等。

/ 下午
/ 該放下的事
/ 聽完友人打電話來抱怨兒女的 F

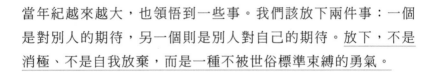

當年紀越來越大，也領悟到一些事。我們該放下兩件事：一個是對別人的期待，另一個則是別人對自己的期待。<u>放下，不是消極、不是自我放棄，而是一種不被世俗標準束縛的勇氣。</u>

世上有各種約定俗成的標準，實際上，每個人本該擁有自己獨特的模樣，我們都有做得到與做不到的事，也有想做與不想做的事。想要與大家一樣是一種模樣，想要依照自己內心的期望走不同的路也是一種模樣。

不把自己的期待與標準放在他人身上，也不期待別人對自己和善與慷慨，忠於對自己的期待與想法，不把別人給予的視為理所當然，也不要活在他人的眼光底下。懂得惜福、感恩，因為即使我們努力過好每個時刻，若是沒有那些人們的溫暖相助，我們也不會越來越好。因為沒有人是應該要給你協助、給你機會的。

當我們放下了對別人的期待，還有別人對自己的期待，這樣我們也能活得更自在，也更有意義。

Day 127

/ 夜
/ 等待的苦很難迎回甜美的結果
/ 與 A 道別後，獨自走向捷運站的 S

A跟我說，她前幾天跟同事 J 吃飯，聊了一些關於那個人離開的事。她說，或許是因為 J 在不久前才經歷了心愛的人不告而別，兩個人受過類似的傷，讓她有種是「自己人」的感覺，所以跟 J 聊過後，好像讓自己再往前了一小步。

我替A感到開心，但不得不承認有些小失落，做為好朋友的我，這段時間陪她聊了這麼多次，卻一點用處也沒有，結果只是跟 J 聊一次就開始好轉。我忍不住想開她玩笑，向她抱怨這件事，看她慌張否認的模樣，讓我笑開懷。

後來她突然認真地說：「我會努力好起來，等我的傷復原，跨過那些苦澀與哀傷，可以盡情地向前跑，我一定會握著妳的手，誠摯感謝妳，因為有妳在，讓我相信自己還有好轉的一天。」這樣突如其來的告白亂感動人的，害我眼眶泛淚，好不容易才忍下來。

J 說得沒錯，希望她能慢慢看開。等待當然可以是一種選擇，就像我們對他人的付出，可以不求回報，不問收穫，但不能把它當成是展現愛的方式或是自我懲罰。不要以為受過等待的苦，

109

一切便可以苦盡甘來，能夠得到一次微笑、一個回頭。

那些事物過去了就是過去了，即使真的會回來，它也不再是原來的模樣。

/ 中午

/ 懂得妥協

/ 進電梯時，因為裡面的人沒幫忙按住開門鈕，
　被門撞到而有點不開心的 K

很多人覺得年紀漸長便能慢慢包容很多事，看不慣的人事物將越來越少，我想會這樣認為的人其實是搞錯了。

就我而言，隨著年紀越大，看不慣、不能忍受的人事物只會越來越多。並不是能包容更多事，而是慢慢認清了很多事自己無能為力也無法改變，而且生命中的鳥人鳥事永遠不會減少，既然如此，何苦浪費太多心力去生氣、計較，還是把心思放在有意義的事與自己做得到的地方才實際。我想，大部分的人並不是變得有修養，而是懂得有些事翻翻白眼就過去了。

長大也未必就會變得勇敢、變得堅強，往往是懂得妥協、懂得放下。

Day 133

/ 上午
/ 活著的人承接傷痛
/ 在妻子忌日祭拜過後眺望遠方風景的 K

之前曾看過與丈夫離婚的朋友在社群網站發的動態:「除了死亡,所有的離開都是蓄謀已久。」

我後來回想,妻子對於死亡或許就是蓄謀已久。我當然不是指妻子是自己選擇離開,而是她應該是在比我所知道的更早之前,就知道自己的生命已接近終點,只是不想讓我操心與難過,然後自己默默計劃著、準備著,包括怎麼讓我慢慢接受她要離開這件事,反而是我讓她操心。

我以為是自己帶著她一起走,其實都是她引領在前,直到她知道自己將要離開,才慢慢放手讓我自己走。等我發現時,我們已經無法再繼續並肩,而是只能看著她離我越來越遠。

剛開始我有些生氣,氣她的不說,我想到妻子獨自面對死亡的恐懼與緊張,而我卻一無所知,還讓她操煩著家裡的柴米油鹽,我真是既遲鈍又不體貼。或許,她選擇不說,是不希望生活有太多的改變,想要過著如常的生活,這樣一來,就不會感覺到自己離死亡越來越近,多少能減緩心中的不安與痛苦吧。

「我已經不會恐懼了，死不過就是代表結束而已，塵歸塵、土歸土，可是活著的人才要繼續面對悲傷與痛苦，想到這裡就覺得對不起你。」妻子是溫柔的人，在她離去的前幾天，還這樣擔心著我。

她在最後那段日子一直試圖說服我，死亡是不可避免的，是所有人的結局，因此，唯一會讓她擔心的，只有所愛的人是否能好好照顧自己。若我能過得好，她才能了無牽掛安心離開。這麼善良體貼的人，老天爺卻還是讓她這麼早離開，真不知道祂的標準到底是什麼？

/ 下午
/ 對方的離開，帶走了自己的一部分
/ 工作有些卡關，在座位上閉目思考的 J

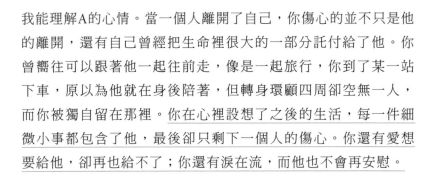

我能理解A的心情。當一個人離開了自己，你傷心的並不只是他的離開，還有自己曾經把生命裡很大的一部分託付給了他。你曾嚮往可以跟著他一起往前走，像是一起旅行，你到了某一站下車，原以為他就在身後陪著，但轉身環顧四周卻空無一人，而你被獨自留在那裡。你在心裡設想了之後的生活，每一件細微小事都包含了他，最後卻只剩下一個人的傷心。你還有愛想要給他，卻再也給不了；你還有淚在流，而他也不會再安慰。

寫程式最主要的目標是要解決某種生活上的問題，確定了目標，就能選擇合適的語言與工具。但，感情問題卻不能如此明確，有時即使我們明白核心問題在哪，想要去解決，就是找不到合適的語言與工具。我想，A就是處在這樣的狀態吧？

/ 午後
/ 什麼才是所謂的最好？
/ 在影印機前等待大批文件的 A

中午與 J 吃飯，聊到他為何會成為程式設計師。他說，因為程式語言有邏輯、有規則，對電腦發出指令，它就會有相對應的動作，面對機器比起面對人要單純、簡單許多，比較適合自己的個性與思考方式。

回想起來，我這一路上所做出的選擇，大部分都沒有思考過是否適合自己。不，應該是我一直在逃避思考自己適合什麼、想要什麼，沒有足以誇耀的專長，也不清楚真正喜歡做什麼，對於未來沒有任何具體的想法，只是隨波逐流，過著沒有方向的日子。無論工作、感情，生活中做出的選擇都是憑當下的想法與感覺而定，說好聽是隨性，但最核心的問題就是不知自己要什麼、沒有目標罷了。

我跟 J 說了這個問題，他說起小時候聽過關於選擇的故事。

「幾個學生向蘇格拉底請教人生的真諦。他把學生們帶到果林，叫學生走進去摘一顆最大的果實，只能選擇一次，不能回頭，不能重選。等學生們走出果林後，蘇格拉底問他們有沒有挑到最大的果實，大家都搖頭，因為總擔心往後走就會有更大

的果實，希望能有再選一次的機會。但蘇格拉底搖了搖頭說：沒有第二次選擇，這就是人生。

小時候聽到時，覺得人生好難，想要做出最好且不後悔的選擇更難。不過，現在的我會覺得走進果林裡想吃哪顆果實就摘，未必非得要找到最大、最甜的。我也可以任何果實都不摘，端看我自己想怎麼做，這才是人生的真諦吧？」

是啊，我們可以做任何選擇，不一定要以「最好」為目的，或許會後悔，也許會傷心，把這些選擇視為一段生命經驗，我們眼前都是結實累累的果林，想摘就摘，有甜美的，一定也有壞掉的，也可以什麼都不挑，欣賞著沿途風景，甚至閉上眼慢慢前行也沒關係，只要經過，就能留下回憶。

說真的，雖然J看起來不起眼，還有點古怪，可是他總能講出一點哲理，有時也會冒出莫名其妙的話。今天他給我的建議竟然是「累了要多休息，有空要出去曬太陽。」
我又不是發霉了，可惡！

那些走遠走散的人，也許還會在某處相見，
只是我們再也不是當初的我們了。

Day

n

Day

**輯
四**

／

有時令人感到氣餒的，
是手上的那支鑰匙，
打不開心裡最想要的寶盒。

Day **140**

/ 清晨
/ 心要比身體強大
/ 在家裡做健身運動的 S

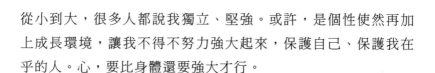

從小到大，很多人都說我獨立、堅強。或許，是個性使然再加上成長環境，讓我不得不努力強大起來，保護自己、保護我在乎的人。心，要比身體還要強大才行。

我也不想一直堅強，但生活總會拋出難題，就算沒有勇氣去面對、去處理，雖然可以閃避一時，可是它終究會再次出現。<u>該解決的題，會用一次一次的痛，直到學會解決為止。</u>

學會獨立，懂得獨處，可能是長大成人的必經過程，必須去感受孤獨與傷痛，體會自省與反思在體內運作，從慌亂與忐忑之中，慢慢長出從容的花朵，讓自己有能力分辨出值得珍惜的人事物，然後盡力去保護。

/ 晚上
/ 有些事只想對你說
/ 跟著 S 上完瑜伽課,坐在便利商店休息的 A

雖然不必向懂你的人解釋太多,但,有時就是想要對他們說。之所以會說出來,並不代表擔心他不懂,而是因為有太多的信任與在意,所以才想跟他分享自己所有的事。

能有一位既在意自己、也願意聽自己說話的人在身邊,是一種幸運。

即使他嘴上嫌你煩,卻還是一直陪著你;他會在你犯錯時不厭其煩地數落你,也會在你受委屈時陪著你一起發洩抱怨,他會在你得意自滿時潑你冷水,這樣的人絕對是真心對你好。

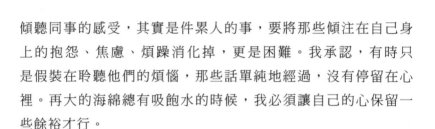

傾聽同事的感受，其實是件累人的事，要將那些傾注在自己身上的抱怨、焦慮、煩躁消化掉，更是困難。我承認，有時只是假裝在聆聽他們的煩惱，那些話單純地經過，沒有停留在心裡。再大的海綿總有吸飽水的時候，我必須讓自己的心保留一些餘裕才行。

無論你是老闆、主管或員工，不要期待另一方能夠理解你的難處，不要認為別人可以明白你的心意，當然也不要妄想對方會體恤你的辛苦。是人都差不了多少，坐在不同的位置就會有不同的腦袋，沒有誰絕對正確，做好自己在那位置上該做的任務，自己問心無愧就好。

工作其實和婚姻有一點很像，價值觀不同便很難長久走下去。萬一覺得自己跟公司文化、環境與人際關係格格不入，真的無法忍受，其實也不必一直勉強自己。

/ 午後
/ 長大了也不會懂
/ 在餐廳櫃臺旁等待女兒結帳的 F

世上有很多事情，並不是懂了就會長大，也不是長大了才會懂。我們都是在歲月的河流中緩緩前進，時而浮沈，時而洶湧，即使學會了如何悠遊，就算知道風雨的前兆，但狀況來臨時，我們還是束手無策，只能試著應變，提醒自己要穩住，祈禱有人可以伸出援手，或是有一盞燈火來領著自己前進。

我很想對女兒說，勇氣是存在的，知道生活裡的那些難過、痛苦與挫折會不時出現，而妳依然選擇繼續前往。妳已經夠努力了，妳已經很好了，好到值得理直氣壯。偶爾會出現連逃跑都覺得無力的時候，很想做到好，可是又覺得自己做不到。無敵強者，只有出現在電影或漫畫吧？生命中不少力有未逮的事，也會有很多力不從心的時候。此生無憾，這種只會出現在小說對白，每過了一段歲月，總會出現幾次遺憾來讓人體驗。

我知道妳不喜歡太多鼓勵的話，聽多了會反感。妳是個外表溫和內心倔強的女孩，如果叫妳放棄，說不定妳還會賭一口氣。不過，有很多事情是不適合勉強與賭氣的，比方說愛情。

Day 150

/ 晚上
/ 好好收拾
/ 拆開收納箱準備動手整理的 A

前天跟媽媽吃完飯後，不知道怎麼了，當下就決定要去買一個收納箱，是那種非要買到不可的情緒。我想要把家裡所有關於「他」的物品都收起來，因為「他」的東西佔了空間，不清理掉，放不了新的東西。我們走了好一會兒，才找到尺寸合適的收納箱。不過，回到家後並沒有立即收拾，只是把收納箱放在房間角落。

任何事情的做與不做，都有它的原因，有時甚至是同一個原因。

當初搬進這裡時，房東沒有附任何傢俱，我們一起討論一房一廳的空間該怎麼運用，需要什麼，不需要什麼，我好像習慣先考慮床的位置與坐向，他覺得應該先決定沙發擺放在哪，我們互相嘲笑對方的邏輯很怪。不過，從床組、衣櫃、書櫃、沙發到餐桌的挑選，都像是讓彼此更了解對方的過程，心想，從一個人變成一對情人，然後再組成一個家庭，應該就是這樣的心情轉折吧。

花了一些時間才將一個陌生的地方變成自己可以放鬆的居所，

要離開這樣一個熟悉的地方，應該也需要一點時間吧？不知道他決定離開時，有沒有花很多時間適應？

我已經習慣了這個空間的模樣，或許把他遺留下來的物品收納起來，再重新配置空間，說不定那些遺憾、悲傷、或幸福的心情也能被好好收拾。

Day 153

/ 晚上
/ 打不開的寶盒
/ 搭電梯上樓從包包裡取出家裡鑰匙的 J

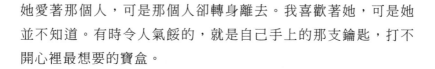

她愛著那個人，可是那個人卻轉身離去。我喜歡著她，可是她並不知道。有時令人氣餒的，就是自己手上的那支鑰匙，打不開心裡最想要的寶盒。

感情就是這樣，還在愛著時，老天就會安排各種變故讓兩人不得不放手，或是在不自覺中錯過。我覺得愛是一種執念，當你深信不疑，就能享受幸福，卻也會痛苦萬分。愛有時會讓人分裂成兩個自己，感性的自己會說愛就是酸甜苦辣五味雜陳，怎麼可能只享受甜美的部分；但理性的自己又會跳出來說，夠了！不該再反覆折磨繼續痛苦下去。

感情是勉強不來的，我們會遇到的狀態，很可能是喜歡一個人卻未必有辦法在一起，喜歡的卻未必是適合的，就像是打不開的寶盒，又或者是打開後卻大失所望。

Day 155

/ 早晨
/ 就做能力所及的事
/ 醒來後還不想起床靜靜地望著天花板的 S

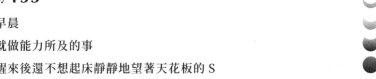

很多時候，生命裡出現的裂痕並不需要修復，出現的空缺也不必急著填補，認清自己在這個世界裡的渺小，有許多事做不來，也不是非我去做才行，卻該知道有一件事只有自己做得來，那就是好好照顧自己。那些討厭的事情出現，說不定就是提醒我們要用喜歡的方式過生活。

生活中已經有太多的無能為力，所以在能力所及的地方，要盡量的善待自己。比方說，少吃重油重鹹的食物，跟合不來的人保持距離，不要去在乎那些不在乎我們的人。

既然是休假日，就讓煩惱休息，把憂慮掏空，用盡力氣來浪費一整天的時間吧！

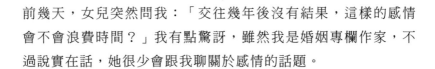

/ 上午
/ 時間無法把握也不能稱爲浪費
/ 在街上慢慢散步的 F

前幾天，女兒突然問我：「交往幾年後沒有結果，這樣的感情會不會浪費時間？」我有點驚訝，雖然我是婚姻專欄作家，不過說實在話，她很少會跟我聊關於感情的話題。

有沒有結果，那得視我們想要什麼樣的結果而定，是結婚？是白頭偕老？不管是哪種結果，我們的人生都還沒結束，故事還在繼續，結局也還未定論。時間，是不能把握也無法浪費的，無論我們做了什麼，是單身、戀愛或結婚、或分手，時間都是以固定的速度不斷流逝，並不會因為我們做了什麼而變快或變慢，留不住也浪費不了。

我從不認為任何一段感情關係是浪費時間，某個人在某段時間出現，與我們建立了親密的關係，很可惜到最後無法繼續下去，假使兩個人都認真對待，也從這份感情裡獲得溫暖與快樂，這段時間並沒有白費。只是接下來要暫時一個人一陣子，不管悲傷或開心，時間還是繼續流動，既然如此，不如盡量讓自己往開心的方向走。我認為，把自己的心停留在過去太久，那才是真正的浪費時間。

Day **160**

/ 夜
/ 不應該逃避上一段感情而去喜歡人
/ 看著吸在冰箱上的明信片的 J

偶爾還是會想起不告而別的她，一個人很淡很靜的離開，我只能試著很輕很快的放下，痛與苦也會少去許多。如果看著會痛，就不要看；如果聽見會哭，就不要聽，或許像是在逃避吧？既然已經遍體鱗傷，那麼虛弱難受，找個地方稍微休息也無妨吧，養好傷才能重振旗鼓。我想，沒有人會嘲笑這樣的決定是軟弱，讓一個傷痕累累的人繼續受著折磨，這樣未免也太殘忍。

很快地喜歡上一個人是一種逃避嗎？但，我是真心去喜歡，並沒有欺騙或傷害任何人，至少我忠於自己的感覺。如果完全是為了逃避而投入另一段感情，不只是欺騙了對方，也是糟蹋了自己。

大家不要擔心，我可以過得很好，雖然還在摸索，不過，我應該可以找到適合自己的愛的一段關係吧。

Day 163

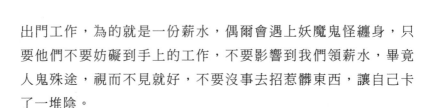

/ 下午

/ 工作上遇見鬼請盡量閃避

/ 主管會議結束後走回部門的 K

出門工作，為的就是一份薪水，偶爾會遇上妖魔鬼怪纏身，只要他們不要妨礙到手上的工作，不要影響到我們領薪水，畢竟人鬼殊途，視而不見就好，不要沒事去招惹髒東西，讓自己卡了一堆陰。

記得，我們是出來賺錢的，不是來斬妖除魔的。想出頭，就別強出頭。平時要練好一點基本功，磨好除魔刀，至少要有本事自保防身，萬一功夫不夠好，至少眼色要好，發現苗頭不對，要能果斷逃開早點脫困。

難免會有爭功諉過的討厭鬼，自己出錯總愛找替死鬼，只有能力與誠信是最有效的護身符，待人盡量和善，但你的和善與體貼，不是用來讓別人把工作推給你，不要為了套交情，反而搞砸了自己手上的事情。

Day 166

/ 中午
/ 牽手的背影
/ 陪伴母親等待領藥的 A

早上陪媽媽在醫院候診的時候，遇到一對年紀大約七、八十歲的老夫婦。

老太太在診間門口跟醫生說話，可能是在談論先生的病情，不過看起來並不是嚴重，他們交談時的神情是輕鬆的，老太太不時露出苦笑，而老爺爺拄著拐杖坐在椅子等著她。

等護理師拿領藥單出來，老太太向兩人道別，回到老爺爺旁邊的座位上拿起包包，一邊說：「走了，去樓下領藥。」然後一手扶著老爺爺幫他站起身，老爺爺邊起身邊抱怨：「怎麼這麼久？」老太太沒有回他問題，只是等老爺爺站好，兩人牽起手緩緩地走向電梯，老太太才淡淡地說了一句：「有我年輕時等你久嗎？」

聽到老太太這句話，我與媽媽相視而笑。看著老夫婦牽手的背影，想像老爺爺聽到時心裡會覺得被挖苦，同時手卻握得更緊，那瞬間忽然覺得很溫馨，看似尋常的舉動，卻好像述說著一段細膩的、漫長的愛情故事。

唯有等待過，才明白等待的苦；唯有失去過，才更懂得失而復之的珍貴。愛一個人會讓我們得到勇氣與力量，堅定地牽著對方的手繼續前行。

/ 下午
/ 在愛中，兩個人未必要一樣
/ 等待電梯上樓的 F

那天在醫院遇見的老夫妻，他們之間的互動看似平淡，卻藏著很深刻的愛意。我常對讀者說，要找到適合的人，不過，適合的人未必就是同類的人。在愛裡，我們未必要完全一樣，而是要懂得欣賞對方的模樣。很多人以為，兩個人在一起就是要變成相同一致的模樣。但是，我在現實生活中看到的那些長長久久，大部分都是有著許多不同的兩個人卻願意好好在一起。

人生的關卡很多，要能夠一起跨越那些關卡，而不是一人在前面衝刺，另一個在後面努力跟隨。適合的人，或許會在那些人生的風雨裡與你脫隊，卻會再想辦法把你找回來。適合的人，會在爭吵後更瞭解彼此，走散後再相聚，彼此會更緊密。適合的人，是會理解你的難與苦，願意與你一起承擔，希望帶給你快樂。

我們覺得等待很苦，不過，等待錯的人才苦。當你認為他是對的人、值得等待的人，那麼，等待並不苦。因為知道那個人會回來就不會苦。我想，這就是愛的力量。

愛裡需要信任也有著責任，會讓我們即使各自獨立，即使不得

不相隔兩地，兩顆心依然有著羈絆，才能有包容與彈性一起去面對未來許許多多的第一次。

/ 下午

/ 別人的意見只是參考，還是必須自己下決定

/ 先是拒絕媽媽安排相親又聽完同事對自己工作指點的 J

別人給的善心建議，當作參考就好。有時，詢問越多人的意見，只會讓自己的思緒越混亂。這個世界多半是成敗論英雄，無論你做了什麼決定，只要結果不好，就會被人事後諸葛。假如我照著某個人的意見去做，最後卻是一敗塗地，那個人會為我的失敗負責嗎？

自己的人生還是得自己扛，與其讓人牽著亂走，不如自己勇敢做出決定。即使我的人生到目前為止並沒有值得一提的成就，至少過得踏實也沒有怨懟。

生活中絕大部分的事情並不會照著我們想要的方向走，時間也未必會給出解決方案，卻能夠讓那些不順、煩惱與困頓沉澱，或許變得雲淡風輕，或許能夠水落石出，只要讓自己過得心安理得，所有的得到與得不到，上天都會做出最適當的安排。

所有的境遇都是生命給予的功課，可能並非是我想要的，也許是意想不到，那其中必有什麼意義，端看我們是否願意靜心領悟。哎唷，感覺我快要得道成佛了呢！

Day 175

/ 傍晚
/ 原諒是一回事，再次相信是另一回事
/ 瑜伽課結束，等待 A 更衣一起晚餐的 S

我可以理解A失去的痛，重傷過的人，自然可以體恤復原的辛苦。我並不是想要一直保持單身，只是不想再陷入不安、猜測與等待的情緒裡。

曾經被人狠狠傷過，即使事後他跟我懺悔道歉，但是道歉無法治癒所有的傷，原來有多麼信任、多麼在乎，當下的傷就有多麼重。我後來終於明白，要原諒一個人並不難，真正難的是，怎麼遺忘受傷的痛，不再有一點動靜就擔心受怕，不再有一點不妥就心存懷疑。我可以原諒他，但原諒是一回事，再次相信又是另外一回事。

後來終於看開了，是因為累了倦了。厭倦了若即若離的感覺，厭倦了沒有答案的猜測，厭倦了日復一日的等待，厭倦他總在無聊時才想起我。也許他已習慣我總是在，忘記了愛是會被消耗殆盡的。

在網路上看過有位作家分享：「你的堅定不移，請留給一個願為你義無反顧的人。假使你不停丟出球，卻沒有人再把球丟回來，這場遊戲未免太空虛了。你的堅定，不該讓無動於衷的人

浪費，任何事都需要有來有往，心要捧給願意伸出手的人才有
意義。」

這段描寫感情該有的互動真是貼切入心，如果找不到一個體恤
你、理解你、認同你，也願意好好珍惜你的人，不如還是一個
人比較自在快活吧。

Day 178

/ 下午

/ 買一送一的分享感

/ 臨時找不到同事可以跟自己湊咖啡買一送一的 S

連鎖咖啡店經常會舉辦「分享日」買一送一的優惠活動，每次一有這樣的活動，門市總會大排長龍。買一送一當然是促銷的商業手段之一，不過我覺得滿不錯的，除了有半價的折扣，也同時給了我們一個機會可以與他人互動，邀請別人與自己共享優惠。

可是，想要參加買一送一優惠，經常會臨時找不到人一起，心裡難免會有點失落。那份失落感可能包含著無法省下幾十塊錢的扼腕，更多的是，找不到人可以一起分享的沮喪吧。

維持人際關係的原因，並不是想要從中獲得一些好處，而是在需要的時候有人可以分享，分享美好的事物，分享自己的心情，這也許是一種自己有被這個世界接納的安心感吧。

/ 午後

/ 無法癒合的原因

/ 與 J 吃完午餐，在便利商店等咖啡的 A

自從上次跟 J 聊過之後，我們差不多每個星期會找一天吃午餐。我還滿喜歡與他吃飯聊天的，可能是心裡的難受一點一點地淡了，也慢慢了解關於男生的想法，又或是單純需要有個人陪伴，我也不確定。

說不定我只是在向他展示傷口而不自知，用準備好的姿態，排演好的語調，然後希望從對方口中聽到「沒事的」、「都會過去的」或是「你沒有錯」。難道是我從分手後開始向身邊不同的人展示傷口，並沒意識到該把內心的感受好好的講出來，於是傷一直無法癒合。正因為做了太多連自己都不知的表面上的準備，導致無法放開心說出口。這樣不是療癒，而是在表演。

就算身邊親近的人拿出傘為我遮雨，可是我的世界早已氾濫成災，卻不自知。

/ 上午
/ 不是你的，求也求不來
/ 看完對前段感情心有不甘的讀者來信的 F

有時，一個人說沒關係，是真的跟你沒關係了。

不是所有的事情都非要分出是非黑白，有時候不知道確切的答案，不明白背後的原因，說不定是老天對你的溫柔。「算了」並不是寬恕糟糕的人，而是過去如何已經沒關係了，與其繼續糾纏那些不堪與錯誤，只會讓自己被拖入更深更髒的泥淖，不如趁早遠離，不必弄髒弄臭了自己。

悲傷、委屈都是難免的。但，這些情緒終會過去。無論你們當初多麼親密，那也僅停留在那時。是你的，終會回來，不是你的，求也求不得。

沒有誰放過誰，只有彼此是否願意放下，放下愛，放下怨，放下恨，各自安好。

Day 185

/ 中午
/ 互爲彼此的替代品
/ 在連鎖快餐店等待取餐的 J

忘了在哪聽過「能夠常常一起吃飯，一定是同一個世界的人。」這句話，所以我和A現在應該算是同個世界的人了，光是這樣想，心裡便覺得愉快。

無論愛與被愛都能教會我們一些事。因為被不同成長背景、不同邏輯思考的人給吸引了，我們的價值觀與思想自然也會受到衝撞，我們的想法與觀念會因此而變動，有時打散重組，有時變形適應，就像是經過程式碼重新編寫，不同類的人在一起久了，也會慢慢成為同類人。

這陣子的生活變得豐富又充實。因為她喜歡看電影，我也開始去看電影；她喜歡看書，而我本來就喜歡，不過現在也跟著看起小說了；因為她養貓，我也打算去動物保護機構領養。

我隱約覺得她把我當成某種意義上的替代品，即便如此我也無所謂，畢竟我也沒有任何損失，或許我自己也把她當成某種意義上的替代品吧。我和她的身上都丟失了一小部分，才會讓我們在對方身上尋找慰藉或認同。我想，這是本能，也是人與人會聚在一起的原因吧。

/ 下午
/ 現在的忍是爲了自己想做的事
/ 突然接到客戶要求大幅修改內容的 K

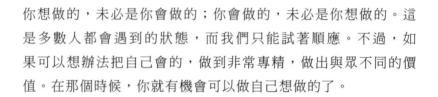

你想做的，未必是你會做的；你會做的，未必是你想做的。這是多數人都會遇到的狀態，而我們只能試著順應。不過，如果可以想辦法把自己會的，做到非常專精，做出與眾不同的價值。在那個時候，你就有機會可以做自己想做的了。

在人生的賽局上，比的不見得就是能力，有時是如何選擇、願意堅持。多數人都是被自己的舉棋不定與妄自菲薄擊倒，而不是真的做不到，最遺憾的莫過於「我本來可以的，但是卻沒有...」，每當內心有負面情緒產生，提醒自己再堅持一下就好了，這些忍受與不懈，都是為了將來能夠做自己想做的事。將自己會做的、能做的盡量做好，再努力一下就好了。

/ 早
/ 在進行中停止
/ 起床梳洗好，打開音響播放音樂，準備替自己手沖咖啡的 A

昨天跟主管 K 討論完事情，他突然感嘆：「工作有時跟愛情很像，遇到要說拒絕時，如果是發生在一開始，便很容易決定與處理。萬一正在進行中，就會變得難以決定，畢竟不是每個人都能做稱職的壞人，也未必能承擔突然結束的後果，就變得麻煩無比。」

我猜想他大概又被麻煩的客戶纏上，對我們講些莫名其妙的人生道理，這通常是他排解情緒與轉變心情的方式。

是啊，一旦中斷了，自己過去所做的一切努力好像失去了意義，感覺自己這個人也被否定了，尤其是在平靜無波的時候突然喊停，沒有爭執，沒有任何預兆，沒有給人緩衝的機會，就像是唱一首歌，到了最高潮的部分，戛然而止。這樣怎麼會不想知道原因是什麼，又怎麼能夠好好放下？

/ 早
/ 我的時間，怎麼使用都是我的事
/ 用鑰匙鎖好門準備出門上班的 J

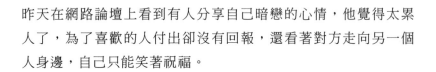

昨天在網路論壇上看到有人分享自己暗戀的心情，他覺得太累人了，為了喜歡的人付出卻沒有回報，還看著對方走向另一個人身邊，自己只能笑著祝福。

如果想要得到對方的愛與回應，不想白白付出，那就不該選擇暗戀，應該要勇敢告白，這樣才不會覺得累、覺得白費心力，不會浪費時間。默默喜歡一個人，不是因為只能偷偷的，而是我自己選擇不見光明；並不是沒有勇氣，只是想保持現狀。與她短暫的眼神交會，我就感到欣喜；能看到她的笑容，就覺得心滿意足。只要我不強求與她相愛，從不覺得白費心力與浪費時間，反正，這是我的時間，怎麼使用是我的事情。

別把喜歡一個人變成一種消耗，無論喜歡或被喜歡，都能從中獲得一點什麼。假使我手上的鑰匙無法開啟那個寶盒，也可以靜靜欣賞那寶盒外的美麗。

最近比較常與A一起吃飯，於是這兩天開始傳出一些流言蜚語，說我們偷偷在交往。我是無所謂，因為是真的喜歡A，管不住別人的嘴巴，也只能學會管理自己的心情。當被造謠抹黑、閒言閒語對待時，要懂得讓自己心靜，不必跟著那些無聊的人一同起舞。別人想把我的生活當娛樂，絕不能讓他們得逞，在他們面前我要表現得更快樂。

但，看著A因為我而無端被謠言中傷，我必須負起責任。如果這時選擇與A拉開距離，不再一起吃飯，或許那些無聊的流言就會不了了之，但這樣根本稱了那些無聊人的意，我不想因為他們改變自己的生活，說不定會讓人更以為是我們心虛，反正「欲加之罪，何患無辭」，我們無論做什麼、說什麼，都還是會被曲解、被亂傳，既然如此，不如正面迎戰！

Day 196

/ 午後
/ 不要深陷在他人的嘴巴裡
/ 午休結束打開電腦準備工作的 A

J告訴我要寄一封澄清信給全公司時，我感到驚訝也猶豫，雖然佩服他可以如此勇敢面對，但也不一定要大動干戈去澄清那些無聊的八卦傳言。確實我對於那些捕風捉影、亂編故事的人有些生氣也無奈，可是，要在公司公開說明自己的私人關係，總覺得難為情，而且有點小題大作。

不過，J說除了要維護我們的名譽與關係，更不想造成我的困擾，也不想姑息那些愛說閒言閒語的人，他希望日後我們可以光明正大地一起吃飯，不必顧忌那些無聊的人再繼續編造什麼莫名其妙的連續劇劇情。

他還說，雖然不清楚別人在背後是怎麼議論我們的，但，我們可以正面跟人講清楚。

澄清，不是要挑釁，而是要讓對方明白，他們隨意的一句話，可能會傷害了一個人、扼殺了一段關係。

J發信之後，就有同事來關心，說這兩天聽到一點傳言，以為我和J真的在交往，然後還說兩個人看起來很登對，真的交往也不

146

錯⋯⋯。我聽了只能苦笑否認，不想再多做解釋。愛說閒話聊八卦，是那些人戒不掉的日常消遣，若是我們一直在意只是消耗心力，還是把心力多留一些給自己與值得的人吧。

Day 198

/ 夜
/ 無可取代的自己
/ 闔上筆電替自己斟杯茶的 F

從兩個人的日子突然回到一個人的生活，肯定會不習慣。
你覺得苦，你覺得難，你覺得無路可走，
那是因為把他想得太重要，也把自己想得太懦弱。
沒有人是無可替代的，唯一無可替代的，就是自己。

踏出去後，自然就會有路可走。
你沒有迷路，只是被淚水暫時蒙蔽了視線。
你不是失敗，只是日後走往幸福的路再也與他無關。
記得，你只是回到一個人的生活，
並不是從未經歷過，當然有能力可以好好過。
你不是失去，只是把不適合的留下，然後獲得了一次重生的
契機。
你要等待願意在路上好好照顧彼此的人，在那之前，請好好
照顧自己。

原以為的失去，其實是老天給予的機會；因為現在的缺憾，說
不定才能造就將來的圓滿。

這篇發在社群平臺的短文也是寫給女兒的信，雖然她沒有追蹤我的社群網頁，不確定她是否會看到。

總希望那些剛結束一段感情的讀者們能夠盡早放下悲傷。雖然兩個人最後沒有繼續下去，未必是誰的不好，只是發現彼此真正想走的方向不同而已，還有更適合一起走的人在路上等你。這條路不通，走另一條路就好，即使繞了遠路，能夠抵達總比到不了的好。

人們都是一樣，現在的自己，不只是從擁有了什麼累積出來，也是從捨棄了什麼蛻變而來。無論捨與得，都有它的意義，只要問心無愧、認真認分，老天自有安排。

J 從來就沒有最好的決定，好與不好都是相對的概念，如果可以，就說服自己走過的就是最好，哪怕將來會後悔，至少當下選擇了自己最開心、最想要的。

F 我從不認爲任何一段感情關係是浪費時間，某個人在某段時間出現，與我們建立了親密的關係，很可惜到最後無法繼續下去，假使兩個人都認眞對待，也從這份感情裡獲得溫暖與快樂，這段時間並沒有白費。

S

要原諒一個人並不難，真正難的是，怎麼遺
忘受傷的痛，不再有一點動靜就擔心受怕，
不再有一點不妥就心存懷疑。

Day　n　Day

Day

n

Day

**輯
五**

／

時間只是時間，
真正能讓你變好的終究是自己。

/ 早晨
/ 即使有再多的背負
/ 做完伸展準備進行冥想的 S

前兩天看了F在社群平臺貼的文章，深有同感。要在離開對方之後，才可以終於確定，沒有什麼事或什麼人是非要不可的。

很多事情都是慢慢累積起來的，例如，愛情、友情和工作都是如此。相對地，很多情緒與感受也是漸漸堆疊出來的，像是不安、委屈和灰心。一旦發生了某個事件或是到了某種狀態，那些花時間堆疊起來的結果卻在片刻間瓦解，轉變往往在一瞬間，轉念也是。

結束一段感情，並非全是自己的錯誤，自己的好不必誰來肯定，我們的好要由自己來珍惜。不要想依賴時間，時間就只是時間，真正讓我變好的終究是自己。

我後來慢慢明白，就算遺忘不了，即使背負著什麼，自己還是可以好好過日子。當我們專心地對待生活，那些不堪就會變得雲淡風輕。我們都被傷過，但後來都還能好好的，要提醒自己最後會沒事的。

/ 夜
/ 不是理性看待，是曾經被傷過
/ 坐在床邊摸著「便當」的 A

晚上與許久未見的大學同學吃飯，上餐後甜點時，她聊起最近的感情。

她說自己心裡也不確定是不是那個人，沒有不喜歡、也沒有條件不好，但心裡一直有個問句，「是他嗎？」而無法確定。

「美好的承諾、好聽的情話我曾相信過，現在則是聽過就算了，不再信以為真。」她繼續說，「我明白很多人在說的當下是認真的，也認為做得到，不過，那要花費不少時間、心力去履行，十分折騰人的，很多時候，情意就這樣慢慢被消耗殆盡。」然後她聳聳肩說，「我真的無法確定。」

我聽了忍不住稱讚她：「我覺得妳談起戀愛比我冷靜很多耶，不會一頭熱地栽進去，知道何時該踩煞車、要先觀察，如果我能像妳這麼理性就好了。」

她苦笑著回答：「我其實沒有很理性，只是被重重傷過幾次，就學乖了。」

她的笑有點落寞，但很好看。我是正在療傷的人，所以很能理解她的心情，看到她現在的冷靜與成熟，覺得羨慕卻也有些揪心。有些人的堅強，說不定是軟弱的極致，因為他明白自己弱小，才有辦法挺直腰桿，保護自己、還有所愛之物。

或許過去的愛情得到了失敗的結局，不過，那裡頭依然有著許多我們值得驕傲的獎賞吧。

/ 中午

/ 活著不是件容易的事

/ 在麵店聽到其他客人在評論跳樓輕生新聞的 K

「好好活著」未必是每個人都覺得容易的事，還是有些人想要一死百了，可能是經常出現的念頭，或是突然而起的想法，但是，只要發生一次，就會再也不見了。

很多人認為自殺很傻，還會對身邊的人造成傷害，遺留給他們難解的痛苦與悲傷。但，我們也無法理解那些求死之人是如何努力地撐下去才能讓自己活著，可能光是睜開眼面對這個世界，都感到苦不堪言。

我能體會那些想要離開這個世界的人，是因為經歷過妻子離世後的低潮，我也曾動起想死的念頭。我用各式各樣的事情把時間填滿，自以為在心裡佈下攻不可破的陣法，展現自己的堅強，不讓身旁的人為我而擔憂。但，越是勉強就越痛苦，那些痛苦如果是他人給的，或許還可以想辦法逃避，可是由自己心中所生的痛苦卻無處可逃，那種痛不斷蔓生到整個四肢，無可遏止，眼前所見的一切就是地獄，想要一走了之，離開所有的滿目瘡痍。那時，幸運的是，有「黑皮」拉了我一把，帶著我慢慢遠離了那痛苦的深淵。

「想要好好活著，不能只喜歡晴天，連雨天都要接受。」
「你不是別無選擇，我們還有自己呀。」
「沒關係，有繼續前進就好。」

這些都是在心裡的烏雲出現時我對自己的提醒，才能一路走到
現在。我相信，這段路程或許緩慢，但總會撥雲見日，再次看
見晴空萬里。

/ 下午

/ 謠言是假的，造成傷害是真的

/ 回到座位後在太陽穴與頸後抹些白花油，準備繼續工作的 J

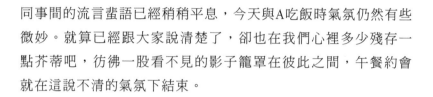

同事間的流言蜚語已經稍稍平息，今天與A吃飯時氣氛仍然有些微妙。就算已經跟大家說清楚了，卻也在我們心裡多少殘存一點芥蒂吧，彷彿一股看不見的影子籠罩在彼此之間，午餐約會就在這說不清的氣氛下結束。

或許會顧忌又被人傳出什麼奇怪的謠言，也許她開始對兩人的關係有些疑慮，開始小心自己的用語與態度。所謂「人言可畏」，人們傳來傳去的虛構故事，即使事後證實是虛假的，但故事已然造成的傷害卻是真實的。雖然我不想向那些蜚短流長認輸，但若要我退回兩個人原本的距離也沒關係，只願別再造成她的困擾，不要因為我而承受莫須有的謠言。

唉，程式只要找出bug就能除錯，可是人與人之間即使知道問題在哪，有時也未必能夠完全解決與修補。

Day 212

/ 早
/ 該堅持的就堅持，該拒絕的就拒絕
/ 正在對著鏡子刷牙的 A

其實明白自己不該去在意別人的眼光，人家說什麼、傳什麼，只要自己問心無愧就好，可是我心裡還是有些擔心，也多少覺得與 J 交情不算深，何苦因為他而被人當成茶餘飯後的八卦話題。但，為了他人的閒言閒語就得放棄一段友誼，不只會不甘心，也覺得自己這樣也太沒用了。唉，好麻煩呀！

學生時期，有一個無話不談的好友，有一陣子她突然刻意避開我，後來才知道有人謠傳我對她心儀的男生示好，於是我們變得疏遠，直到她搬家轉學。等到她離開，我很後悔自己怎麼不好好向她解釋清楚。最常見的遺憾，就是在還能說時沒說，在想說時不能說了；在能見時不去見，在想見時不能見了。既然 J 都願意為了我們的友誼努力堅持，我應該要好好回應人家的努力才對。

S 曾經勸告我，說我總是在忍讓、在逃避，但如果一直這樣，別人只會對我越來越不尊重。想要讓自己過得自在點、開心點，該堅持的地方就堅持，該拒絕的事情就拒絕。

我要提醒自己，不用活得那麼小心翼翼、綁手綁腳，反正管不了別人的嘴，不如就調整自己的心情，要好好珍惜身邊願意溫柔以待的人。

Day **214**

/ 午後
/ 珍惜與捨得
/ 將書架上的書裝箱準備捐出去的 F

年輕時什麼都想追求、什麼都想擁有，像是愛情、友情、頭銜、收入，想要被很多人喜歡，想要比別人好，深怕缺了什麼，追不上就輸了。不過，隨著歲月流逝，才發現自己的世界沒那麼廣闊，手能夠搆得到的地方有限，無法什麼都要，於是開始思索什麼才該追求、什麼才該留下，懂得不再盲目跟著潮流，不再人云亦云，要勇敢拒絕會拖累自己的，才會活出自己的價值與自在。

人到了中年，如果還想擁有很多，只會讓自己負擔太重，而且必須要走得小心，走得緩慢。當我們歲數有了，要明白自己的能耐，學會取捨，不要貪心，才能享受舒適輕盈的生活。

活得自在的人，通常是因為學會了兩件事：珍惜與捨得。

「我沒有惡意。」這句話往往隱含著自己是正確的、並沒有刻意針對某件事情希望對方改善，但實際就是濃濃的惡意。

希望別人改善的想法並沒有錯，不過站在自己的角度與觀念，根本沒有體恤他人，那麼，這個想法是好的嗎？有些人喜歡說三道四，喜歡對人品頭論足，覺得自己沒有惡意，把別人的生活攪成一片狼藉，才假裝無辜地表示不知道事情會變成這樣，然後若無其事地離開。

看待一件事情時，每個人都有各自的觀點，會按照自己的邏輯把眼前的人事物分析與歸類，形成自己的主觀看法，之後就很難用原本的印象去看待。

前幾天聽到A在公司發生的事情，其實還滿常見的。我們周遭有很多人都是如此，將自己的想法強加在他人身上，或是窺探別人的私密領域，有時是不自覺地，有時則是故意跨越了界線。用惡意打破了你的心，反而責怪起它為何是玻璃做的。他們不知道自己是暴風雨，還會嫌棄周圍怎麼滿目瘡痍、亂七八糟。

每個人都有各自的脆弱與私密領域，並不需要誰的指點與評論，未經允許的打探與打擾，即使是帶著善意，只要越了線，都是一種傷害與侵犯。

/ 午後
/ 沒有他在的地方都是遠方
/ 在他家公寓周圍徘徊的 A

有些日子，還是會掛著憂鬱的吊牌，提醒我那道傷並沒有完全痊癒，像是今天。

明知故犯地瀏覽著過往與他的聊天內容，努力壓抑著想要傳訊給他的衝動，然後自欺欺人地心想戴著口罩沒關係吧，在他家公寓的附近散步，我只是靠近，沒影響吧？我沒有打擾，無所謂吧？不過是胸口有點緊，心跳有點快，如此而已。

天空飄起了雨，心裡也跟著出現濛濛水霧，會遇見你出門嗎？還是會看到你返家的模樣？明明知道即使見到了你也做不了什麼，甚至會讓自己更難過，可是，強烈的想念有時還是讓我抑制不了想見你的心情。

若不是因為失去一個人，或許我們不會明白在愛裡犯的錯，可能要用掉很長很長的時間來還。但，我想知道自己是犯了什麼錯？我也不禁想知道「你愛他卻不能在一起」與「他不愛你卻還是在一起」到底哪一個比較悲哀？有人說「沒有他在的地方，都是遠方」，但他們卻沒說「原來，有時候即便他在的地方，你也覺得是遠方」。

算了，不去想那些複雜的事，我只是默默地期待著，靜靜地等
待著，沒有干擾到誰，唯一干擾的是我自己。等到天空的雨停
了，心裡的霧散了，我就會回到屬於自己的地方了。

/ 下午
/ 爲彼此點燈
/ 在座位上沉思，準備找 A 聊聊的 K

時常有人感嘆，當快樂的事情分享給不對的人聽，會被誤會成張揚；將傷心的事情說給不對的人聽，會變成眾人口中的笑話。甚至，什麼都沒跟人說，而莫須有的故事就加諸在自己的身上。

被人這樣對待，當然氣憤，也十分無奈，不過，人心本來就複雜難測，畢竟每個人都有自己的小世界要維護，都有自己的傷要照顧，都有自己的功課要應付，所以無暇去理解別人的世界與感受，然後再以自己的邏輯去看待，或是聽信他人的穿鑿附會就信以為真。如果一個人總是懷抱著灰暗的心看世界，就算是萬紫千紅也會被過濾成灰階。

我們都希望能為彼此點燈，但總是遇上點燈的人少，倒是胡亂縱火的比較多。當然不能放任縱火的人，要讓他知道自己的言行處事造成了別人的困擾，要讓他明白傷害人是要付出代價的，這也是保護自己最有用的方法。

該好好提醒A，即使世界再冷酷，依然要保持溫暖，就算別人不在乎，也要好好在乎自己。

/ 早

/ 幸好旁邊有人

/ 望向公車窗外突如其來的陽光的 A

想想自己算是幸運的人了，在面對低潮、困惑的時候，身邊總有體貼的人，願意給予關心和提醒。

就像主管K吧，他擔心我被之前的閒言閒語困擾，還特地找我聊天。雖然遇上令人難受的事，但被關懷的溫暖大過於被人誤解的苦悶，幸好有這些可愛而溫暖的人，保護了逐漸失溫的自己，驅走那些傷人的寒冷。

對於那些我與J交往的傳聞，我已經不在乎了，但還是感激K的關心。有時候，我們用善意與溫柔去對待他人，但是傷害還是找上門，我覺得傷害像是個提醒，提醒這個世界不是只有光明的一面，也有許多陰暗的地方要小心注意。幸好，身邊總有好心人，才能讓我們足以相信還有許多美好的人事物存在，讓自己也願意當一個堅強而溫暖的人。

/ 下午
/ 習慣了堅強
/ 在瑜伽課中做伸展動作的 S

隨著年紀越來越大，好像會擔心我的人也越來越少。不想造成身邊的人困擾，不想讓愛我的人煩惱，學會獨立，故作堅強久了，還真的認為自己的心變得強韌，處事也變得幹練。

沒有餘裕去處理軟弱的時候，一不小心就會習慣了堅強，也成為了身體裡的正常，而心也是如此長大的吧。我們慢慢地成為別人眼中成熟的大人，大家一有問題都來向自己求助，心煩時都來找自己傾訴，好像不小心把自己包裝得太厲害，讓大家都忘了，其實人都會有脆弱與為難的地方，也會有需要依賴他人的時候。

我不怕一個人過日子，也可以獨自解決很多事，只是生命總有許多突如其來，輕而易舉就可以讓我們摔得支離破碎，我也想找個人陪我撐過那措手不及的時刻，也希望身邊的人在那時候可以理解我的無力與難過，

在那之前，我也只能盡力在難過時，若無其事地疼痛，然後懂得在別的地方找回自信和從容。

Day 227

/ 午夜
/ 很重要的事
/ 坐在地板上用手輕輕拍打「便當」的 A

今天見到他了。昨晚他突然傳訊，問我是否方便過來看「便當」。

我本來以為自己做好了準備，能夠冷靜以對，但，一見到他後，才發現自己不再是自己，應該說有好幾個自己，喜歡他的自己、怨憤的自己、因重逢而開心的自己、覺得該保持距離的自己，像在搬演最後高潮戲輪流登場。

想對他說句「我很想你」，卻這樣困難，因為我會顧慮他的立場與想法，可能他現在的生活還有很多其他要顧及的事，那些比我還要重要許多的事。太多話與想法堆積在腦中，一時無法整理，不知道是被什麼刺痛了，不知道是被什麼堵塞了，想要正常說話都變得異常困難，連一句簡單的問候都覺得扭捏。

他用手輕輕拍打便當，從頭到尾，看著牠舒服到瞇細了眼，一直喵喵喵開心地叫著。他問便當有沒有正常吃飯，我回有。他問便當是不是還會把紙箱咬壞，我回是。他問可不可以經常來看便當，我回可以。我們把話題集中在貓的身上，盡量不去談及彼此，那像是某種禁忌，一旦說出口，我就會被施咒般融

化。他待不到半小時便離開，臨走前向我道謝，我分不清是感謝我讓他看便當，還是感謝我過去的什麼。總之，我無法不確定。

這樣念念不忘，我知道很多人會笑我傻，但就像是王家衛電影《東邪西毒》裡歐陽峰說的：每個人都會堅持自己的信念，在別人來看是浪費時間，他卻覺得很重要。

對我來說，這還是很重要的事。

Day **228**

/ 午後
/ 困住自己的原因
/ 泡好咖啡準備工作的 J

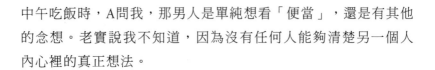

中午吃飯時，A問我，那男人是單純想看「便當」，還是有其他的念想。老實說我不知道，因為沒有任何人能夠清楚另一個人內心裡的真正想法。

她讓過去的愛成為支撐自己的理由，但這不是健康的方式。我希望她能看清楚自己現在的執著，那男人絕對不是對她最好的，半途而廢的愛只會變成過去式，將來的事也與他無關，也只剩美麗的回憶了。

在那些傷心之後，但願她以後能學會從自己出發，而不是繞著對方轉，自己才是那份感情裡最重要的主角。希望她再也不會一直退讓，只為了討另一個人歡心。我知道愛不像寫程式，不可能下什麼指令就會做什麼回饋，但至少要能夠讀懂你的程式語言吧？

通常不是我們做錯什麼，才沒能留住那份愛，若是一直追尋那失去的原因，只會困住自己，無法前進。我希望她能過得幸福。但，這些話在她面前我卻說不出口。

Day 230

/ 夜
/ 在沒有他的地方堅強
/ 因為風切聲而一時無法睡著的 A

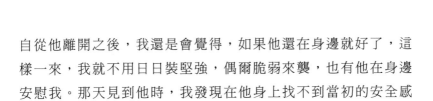

自從他離開之後，我還是會覺得，如果他還在身邊就好了，這樣一來，我就不用日日裝堅強，偶爾脆弱來襲，也有他在身邊安慰我。那天見到他時，我發現在他身上找不到當初的安全感了，這或許就是讓我不知所措的原因吧？

我有時會想起過去那些風雨交加的夜晚，他會打電話給我：「準備要睡了嗎？我陪妳說說話。」他知道我膽小，聽到強風吹向門窗發出巨大聲響會害怕，甚至會睡不著，而他就會陪我一直講電話，那溫柔的嗓音可以撫平我的害怕，驅趕了失眠。他就是這樣溫柔體貼的人。

但，那份溫柔已經不屬於我了，而我也不敢再開口索討。

現在，我只能在沒有他的地方慢慢堅強，在看不到的距離輕輕想念。

Day 232

/ 早
/ 很難感同身受
/ 在咖啡店裡，打開筆電準備寫點什麼的 S

聽到他回去看「便當」，心裡有些難受。既然已經選擇結束，就該展開不同的生活了，每個人都要對自己的決定負責，如果繼續維持這段感情對兩個人只有徒增痛苦，那麼，就該痛下決心把這段關係講明白、斷清楚，而不是又做出什麼舉動，讓另一個人有所期待而變得複雜。

不過，局外人說得輕鬆，我多少能理解要做到真正的斷捨離有多難。當一個人深愛著對方勝過自己時，那種失去的痛有多深刻，要等到自己也遇過才能真正體會，而我們在感情裡往往比較愛自己，自然很難對那份痛苦感同身受。

人啊，再怎麼聰明、再怎麼冷靜，再如何把工作與人際關係掌控得很好，最後卻總是栽在愛裡呀！

Day 234

/ 上午
/ 接納自己的放不下
/ 祭拜完妻子後，在觀景臺眺望風景的 K

若是一直執著於放下，那仍然是一種執念。不再執著的第一步，就是承認並接納自己放不下。把放不下的事慢慢內化成身體的一部分，那或許不是放下，而是一種釋然。

無論做了任何選擇，都一定有得也有失，不用羨慕也不必抱怨。自己所能做的，就是盡量保持淡然平靜的心。盡人事，然後聽天命，但求無愧於心，不困於人情世故，懂得順勢而為，隨遇而安。生命難免有離有失，且行且珍惜，有此人生，已足夠了。

我們的人生，每過一天就會減少一天，能與自己在乎的人在一起，那就是每過一天就多賺一天。可惜，我覺得賺得不夠多，幸好妻子留給我的美好回憶夠多了。

老實說，我在心裡怨過他，怨他承諾過要好好在一起，結果卻出爾反爾。但，我現在可以開始理解，他不是刻意欺騙，在那當下他是真心的，也確實想像過我們的未來。至於他為什麼最後選擇半途而廢，我不知道。可能是相處以後，發現與他想要的未來不一樣，也許沒有什麼特別的理由，就是不愛了，不想再走下去了。

我一直以為我們想要的未來是一樣的，所以心無旁鶩地往那個方向前進，直到你放開了手，才驚覺這一切都是自我感覺良好。是不是每個被留下的人都會覺得自己傻，那個人走進自己的生命裡，誤認為他會陪自己走到最後，結果最後留下的，只是殘影而已。

即使我們後來變得不好，希望你記得我給你的都是最好的。即使你選擇離開，我也不會說你不好，因為我們曾經很好。即使我還是無法想像未來的路上你都不在了。

Day 239

/ 午後
/ 一切終會過去
/ 與女兒聚餐完，在回去路上有感而發，立刻用手機打下文字的 F

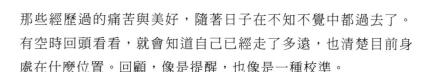

那些經歷過的痛苦與美好，隨著日子在不知不覺中都過去了。有空時回頭看看，就會知道自己已經走了多遠，也清楚目前身處在什麼位置。回顧，像是提醒，也像是一種校準。

很多人的豁達，是用千瘡百孔的靈魂換來的。沈澱能讓我們揀選出人生最值得珍藏的美好片段，再怎麼曲折、坎坷，日子並不是全都白費，正因為過去的那些不好，才讓我們越來越好。習慣黑暗就不會怕找不到光。這個世界連空虛與寂寞都是擁擠的，即便如此，總會遇見理解你的傷心的那個人。在那之前，不如把過去的坎坷曲折努力活成今日的一笑置之。

如今的我，雖然談不上多麼幸福，但自己與在乎的人都健康平安就是好事。免不了會出現不順遂的時候，我會告訴自己：「一切都會過去的」，這是我活到現在體會最深的話。無論好事壞事，終會成為往事。一切會過去，一切也會重新開始。

/ 夜
/ 一通電話連接的是思念
/ 半夜被大雨吵醒而一時睡不著的 A

偶爾還是很想撥通電話給他，聽他的聲音，但理智的我會抑制感性的我，萬一打了電話或傳了訊息卻找不到人、不回覆，只會使得自己更難受。

想起剛開始交往時，也有過類似的情形，卻是不同的心情。那時也會很想撥通電話給他，等真的打過去了，卻不知道該說些什麼。愛有時很簡單，單純聽到對方的聲音就開心，聊什麼內容都不重要。或許，一通電話連接的，是最純粹的思念。只是，我現在的思念卻哪都去不了。

愛情並不會變，會變的是人心。會不會到了後來，我們都在不知不覺中改變了。我想給的，你不想要，我想要的，你給不了。於是，我們就走向這個地步，留下了哀傷。

唉，只要一想起來，眼眶就發燙了。

Day 243

/ 午後
/ 一個人的輕鬆
/ 與 A 吃完午餐在便利商店等待咖啡的 J

一個人生活未必有什麼不好，端看自己能不能安於獨處的狀態。榮格曾說過，白天與黑夜相同，人生也一樣，若沒有悲哀提供平衡，愉快就會失去意義，能夠鎮靜地面對各種變遷，才是真正成熟的人格。一個人與兩個人都是在過生活，只不過要懂得調適心態，不過度依賴外來的安撫與關注，然後要穩穩地承載住自己，這會是一輩子的課題。

愛一個人真的很累，為了討他的歡心，有時候他卻不領情，想要他為你做點什麼，他也未必願意。離開一個人也是很苦，明明還有愛，有時卻不得不放手，明明你沒有犯錯，卻得承擔失去的痛。

你看，一個人多輕鬆，不會被不健康的愛折磨，不會因為他跟別人走得太近而難受，不會白白流掉那麼多眼淚，更不會因為思念和傷心而輾轉難眠。

不需要過分期待愛情，不需要擔心一個人生活。

獨立也是能與其他人有所連結與互動，承認自己脆弱，與人彼

179

此扶持可以消除恐慌，幸福是要彼此交流才會擁有的。不過，不是每種關係都是要緊密的，我覺得愛即使是單方面的給予也能成立。

轉個念，幸福用一杯咖啡就能短暫擁有。

/ 午後
/ 寧可慢慢走
/ 瑜伽課後刷著手機準備找間甜點店的 S

以前的我總覺得自己條件又不差，怎麼老是遇不上可以一起走下去的人。有感覺的，未必有機會；沒感覺的，也不想勉強自己。就這麼等待後又錯過，錯過了又開始等待。

慢慢地，我也不著急了，享受一人的靜好，空閒時找一本好書閱讀，替自己沖一杯順口的咖啡，也可以跑去秘境放空，不然就是安排幾間心儀許久的好店吃吃喝喝。

認真做好自己的本分，不過於勉強自己，懂得替人著想，卻也不再忘記好好對待自己。找到自己安身之處，明白怎麼對自己才是好，而不會像以前傻傻等著別人對自己好。

現在的我，寧可自己慢慢走，也不願被另一個不懂體恤與尊重的人拖著。我早已經學會了，愛是一種配合，而不是一直迎合。真的想跟你好好走的人，會好好與你配合，而不會一昧要求你迎合。

我一個人可以過得心安理得，不必顧忌另一個人的心猿意馬。這樣的日子也滿好的。

/ 早晨
/ 互為表裡，且同時存在
/ 在站牌前等著公車的 A

我們未必都能用新的去覆蓋掉舊的。就像是電影《海邊的曼徹斯特》那句：「不是所有的錯誤都可以被原諒，也不是所有的傷痛都可以被撫平，總有時間也無能為力的事情。」

許多人會認為時間是絕對的，時間不會因為事件而有改變。但，我覺得時間是相對的，不是絕對的，你感覺很短暫的事情，對我來說或許需要很久；你認為很快就會過去，對我來說可能非常漫長，不然怎麼會有「度日如年」這句話？

因為情緒一直處於低潮，所以開始翻閱心理學相關的書籍，才發現有些內容也挺「哲學」的。任何事物、情緒、思想，就像光明與陰影都有表裡。

有複雜的就有簡單的，有困難的就有容易的，有溫暖的就有冷酷的，有新的當然也有舊的。它們會同時存在，並不是哪一個出現另一個就會消失。

新的，確實是一個誘人的選項，感覺只要有全新的人事物就可以完全地放下過往，但並不是所有過往的都有辦法放下，有些

事物是必須帶著走下去，像是刻在心中的傷，讓自己記得曾經遍體鱗傷的模樣，當然也有曾經美麗的時光。

啊，我又想太多了。昨天跟大學同學聚會時，剛失戀的同學一直喊著要趕快交新男友，才會讓我又開始思考這些事吧。

/ 晚
/ 時間是寶貴的
/ 晚餐後帶著黑皮到公園散步的 K

在工作中，不時會遇到討厭的人和麻煩的事，以前我總是讓自己處在不開心的情緒裡，後來才開始提醒自己，時間很寶貴，不該浪費在不開心的人事物上。

偶爾，你會因為別人的推諉而必須多做事，或是因為旁人的錯誤連帶被責罵，甚至被子虛烏有的傳言中傷，免不了會氣憤。但，與其老是生氣，不如想辦法爭氣。

遇到不如意的事，別糾結在已經發生的過去，要思考將來怎麼做才能避免。遇到討厭的人，別輕易地被對方牽著走，當我亂了腳步，只會稱了他的意。我會提醒自己，凡事順勢而為，但不要隨波逐流。那些待人處事的道理我們都知道，但苦惱的是人心難測，不過，想要心情自在就要把生活過得單純，不必跟著那些人去攪和，把生活弄得複雜。

人生不長，生命可貴，何苦自找麻煩。每天留一點時間做自己喜歡的事、可以放鬆的事，才有心力繼續面對工作裡的那些麻煩。黑皮，你說對不對？

Day 252

/ 傍晚
/ 一個人的「好」，是不能比較的
/ 整理好辦公桌準備下班上瑜伽課的 A

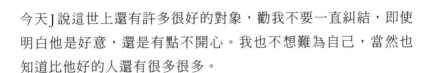

今天 J 說這世上還有許多很好的對象，勸我不要一直糾結，即使明白他是好意，還是有點不開心。我也不想難為自己，當然也知道比他好的人還有很多很多。

可是，一個人的好，不是與其他人相比而來的。縱使這世上還有成千上萬的人比他好，也與我無關。因為，在我心中那個人的好是無可比較的。

我知道自己的心受傷了，需要多一些癒合的時間就會好，只是日子數著數著，恢復的情況並沒有想像中那麼快。我沒有天真地幻想已經離開的他會馬上回來解救我，不過，還是會忍不住抱持著一點點的希望，在未來某個時候，我們能夠再次走近。我曾經認真地相信自己的幸福會被好好看待，現在卻只剩下了等待。

/ 傍晚

/ 控制自己好起來

/ 從捷運站散步回家的 S

今天與A一起喝下午茶，能夠感覺出她還存在著眷戀。我想，放不下與離開都會痛苦，但兩者的痛苦卻是不一樣的。放不下是糾結難捨的執念，決定離開是承認無法繼續的傷痛。

如果可以選擇，我寧可痛苦一時，也不要一直讓自己陷在糾結的痛苦裡。但，我只不過是個局外人，是無法體會身在其中的難與痛。

我也只能試著告訴她眷戀著一個已經離開的人並不值得，不放下就等於放棄找回自己，也放棄了再次幸福的機會。

我相信愛，也相信幸福存在，這世上擁有愛與幸福的人很多，這不全是靠運氣，也是一種能力，即使單身一個人也可以擁有，前提是要能夠看得開、不執著，懂得欣賞生活中的美好。

當然也看過破鏡重圓的幸福，那都是稀有的美談，更常出現的，是交出自己僅存的尊嚴，換來再一次傷害。

一個人離開並不是迷路，那是他的決定，不要欺騙自己他會迷途知返，你該優先等待的，不是他回來，而是讓自己好起來。

他會不會回來，是他才能決定，你會不會好起來，才是你自己能夠控制的。

/ 下午

/ 生氣沒有用

/ 拿起行事曆記下提醒事項的 K

剛才的談話之間，我能感覺到A的心情似乎浮動不安。其實，最累人的，不是被找麻煩，而是自找麻煩，那通常是個性造成，很難改變，而且沒完沒了。

曾經有人跟我說，假使真心想要獲得什麼，就先試著放開手。它若是會回來，自然會一直屬於你；若是不回來，它就不會是你的。

不要刻意爭逐，也不該過於執著。我們總是不自覺地花費許多時間在生氣、煩惱，可是，生氣與煩惱並不能解決任何事。不如先花心力想出解決之道，如果不是能力能及的，那些擾人的情緒都是自討苦吃，還是試著接納世事無常，承認自己無能為力，不再為難自己。

/ 下午
/ 對愛的幻想，也能帶來動力
/ 讀完讀者來信，坐在書桌靜靜喝著茶的 F

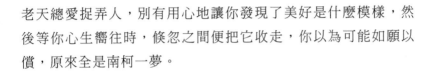

老天總愛捉弄人，別有用心地讓你發現了美好是什麼模樣，然後等你心生嚮往時，倏忽之間便把它收走，你以為可能如願以償，原來全是南柯一夢。

年輕時，總想留住那變化莫測的浪，但一張殘破的網只能留住那些可有可無的殘餘。我們都明白，愛不全然是浪漫夢幻的，只是仍會忍不住去期待那些浪漫與夢幻，這並非天真，而是因為有這樣的期待，我們才有勇氣與動力去克服愛裡的困境與關卡，甚至是做到自己本來做不到的事，讓自己變得更好、更值得好好被愛。我想，愛之所以美好，就是帶給我們力量。

雖然追求美好幸福的過程總免不了會流淚、受傷，只願年輕時的傷痕累累，可以換來年老時的自在豁達。

/ 早晨

/ 不要不跟對方說了

/ 正在對著鏡子上妝的 A

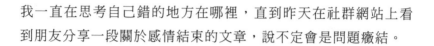

我一直在思考自己錯的地方在哪裡,直到昨天在社群網站上看到朋友分享一段關於感情結束的文章,說不定會是問題癥結。

那篇文章的大意是指感情會結束未必是愛消失了、也不是某一方過於付出或過於強勢,而是兩個人漸漸不再溝通、不再交流。溝通是耗費心神的,所以當生活中的瑣事太多、壓力太大的時候,許多人會選擇放棄溝通。當交集越來越少,導致距離越來越遠,相交線便變成了平行線。也許是我們一直沒有好好溝通,他選擇不跟我說,而我則不知道問題在哪,才會導致兩個人分開。

愛難免會出現創傷,任誰都會害怕受傷,但更怕的是,兩個人對於創傷的理解並不相同。比方說,一個人已經痛徹心扉,另一個人卻是茫然不解。我想,不理解與不知道,這就是對愛最大的傷害。

雖然大部分的人看似在乎愛情,其實,只在乎對方有沒有在乎自己,而忘了在乎兩個人在一起有沒有變得更快樂。等到矛盾越積越多,傷心也就越來越多了。

/ 中午
/ 有痕跡的缺角
/ 在速食店排隊買午餐的 J

和A已經將近兩星期沒有一起吃飯了，如果說心裡完全不難受，那肯定是騙人的。這兩天，我告訴自己「只是回到了原本的狀態而已」，心情也就輕鬆不少。人大概都是這樣吧，沒有擁有過就沒什麼得失心，一旦擁有過，就變得患得患失。

這幾天買了跟她一樣的手機殼，有空會看她之前推薦的電影或影集，感覺我們之間的距離並沒有太遙遠。

或許，是我過於自以為是吧？每個人都有自己悲傷的方式，也有自己排解的方法。我憑什麼去建議人家怎麼做呢？說穿了，是我潛意識裡希望她早點放下那個人，讓自己更有機會。

這幾天看了她推薦的電影《心靈捕手》，裡頭有一句：「你根本不了解什麼是真正的失去，因為那只有在你愛某個東西勝過自己時才能體會。」深深擊中了我。

是啊，我根本不了解別人，任何人事物對於每個人都具有不同意義，唯有自己才能完全體會那失去的痛，外人是無法理解的。缺角一旦產生了，就存在那裡了，成為我們生命裡的一部

分。即使後來熙熙攘攘、平平順順，無關那是否又修復，它還是有痕跡的缺角。

而我卻以冷眼旁觀的角度去對人家的黯然神傷指指點點。唉，這確實是一種無知的傲慢自大。

Day **266**

/ 晚
/ 有些人注定是生命中的短暫相遇
/ 在網站貼好文章闔上筆電的 F

過去的你，總是急著逃離寂寞，期盼早日遇到一個人，跟自己相伴過日子。

後來你才明白，所謂美好的愛，不只是相伴，也還要兩人能夠交流。

願意放下手機好好聽你說，願意靜下心好好理解你的感受，願意分享他內心真實的看法，能夠交流彼此的心意，這才是真正需要的愛。

現在的你，終於懂得了，原來自己要的不只是有人陪伴，還要有人可以分享。

看到有趣的事，有人可以分享，看到美麗的景，有人可以分享，遇到難過的事，也有人可以分享。

歲月或許帶走了你的單純，卻還給你一個坦然。

你開始不再為單身著急，找到一個不用妥協、理解你也願意交流的人並不容易，你不強求也不勉強，在那之前，你可以先成為能夠自得其樂的人，一個心地柔軟卻堅定的人。

幸福不必等著另一個人給，你一個人就能過得自在又精彩。

不畏人情冷暖的花，在哪都能綻放。

那些曾經的狂風暴雨，最後都會變得風和日麗，我們終能淡然
地面對有些人只是生命中的短暫煙花，然後便能讓那個人留下
的印記慢慢褪去。即使一時還無法自得其樂，可以先試著泰然
處之，如果一個人也可以過得很好，就不會擔心想要的感情還
沒來，或是身邊的人要離開。

離開，未必就是放棄或失敗，有時是善待自己的方式，也是一
種追求幸福的機會。會沒事的，會慢慢變好的，你要這樣相信
著。相信之後一切會變得更好，不是你變得更好，就是有更好
的事情出現。

等到天空的雨停了，心裡的霧散了，
我就會回到屬於自己的地方了。

Day

n

Day

輯
六
/

我們永遠無法活得完美，
不過，可以試著讓自己完整。

Day 268

/ 傍晚
/ 不管有沒有人在身邊
/ 從捷運站緩緩散步回家的 S

上完瑜伽課，A陪我一起去義式冰淇淋店，吃了一口草莓牛奶冰淇淋，牙齒被冰得又酸又疼，她忽然問我：「妳會想結婚嗎？」

以前會覺得結婚是順理成章的事，等到年紀到了才懂，沒有什麼事是理所當然。

我回她：「有好對象，我才會好好思考這個問題。」
「也就是不一定要結婚嗎？」
「可以這麼說吧。」

我大概能夠理解A會問到結婚的動機，這一兩年朋友與同學陸續結婚，前幾天又收到了高中同學的喜帖，看著身邊的朋友一個個步入人生另一個階段，難免會懷疑起自己是否在原地踏步。不免感慨歲月匆匆，不過感慨歸感慨，但，對於感情、婚姻這種不是自己能夠控制的事，不會覺得順理成章，而是順其自然。每個人的重要順序本來就不同，甚至在不同階段也會有所變動。目前我只想先掌握好那些能控制的事、先預想好自己能決定的路，能做到這些，已經夠對得起自己的人生吧？

婚姻是需要嚴肅以待的，既然目前尚未有對象，何苦庸人自擾，先好好照顧自己才是最重要的事。

我後來跟A說：「不必擔心，萬一我們都沒結婚，老了我們可以照顧彼此呀！」
她笑著回我：「這就是我想跟妳說的，我好擔心你會留下我呢！」

我想我們都不必太擔心，當生命走到了不同階段，內心的狀態肯定也會改變。無論是一個人、一家人，不管誰有沒有在身邊，時間到了，就會去適應那樣的狀態，總能好好過下去的。

/ 夜
/ 跟自己說：我會沒事的
/ 坐在地板上陪便當吃罐頭的 A

當一個人佔據心裡重要的位置，只要他的一句話好像就能平撫所有情緒，即便是一句簡短的「晚安」。有那個人在，就不害怕辛苦，不害怕黑暗，唯一害怕的是，我會過於依賴。

我明白是因為過於依賴，才會一直深陷在悲傷的循環無法逃脫，我也懷疑，是不是我過分的依賴成為他無法喘息的壓力，最後才會選擇離開？我想起電影《東邪西毒》裡的大嫂說：「以前我認為那句話很重要，因為有些話說出來就是一生一世，現在想一想，說不說也沒有什麼分別，有些事會變的。」

那些說過的話或許真的不重要，那些錯過的事也只能放下，所有的人事物也會變動，如果我不選擇跟著轉變，是不是就只能待在原地自憐自艾，看著其他人離自己越來越遠？

我也很想若無其事地好好向前，不過，請暫時先讓我慢慢來吧，我相信自己會沒事的，可能目前還無法笑著說：「我沒事」，雖然時好時壞，但我知道自己是往好的方向前進，速度慢了點、時間要多一點。因為相信，才有可能。對吧？

Day 273

/ 早

/ 一直這樣快下去好嗎？

/ 在捷運站等待下一班列車的 J

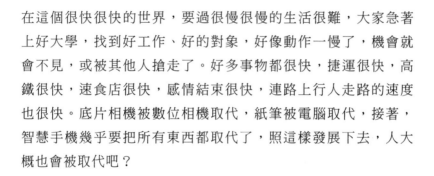

在這個很快很快的世界，要過很慢很慢的生活很難，大家急著上好大學，找到好工作、好的對象，好像動作一慢了，機會就會不見，或被其他人搶走了。好多事物都很快，捷運很快，高鐵很快，速食店很快，感情結束很快，連路上行人走路的速度也很快。底片相機被數位相機取代，紙筆被電腦取代，接著，智慧手機幾乎要把所有東西都取代了，照這樣發展下去，人大概也會被取代吧？

這樣一直快下去，是好事嗎？我總覺得任何事情一旦過了頭，反而會帶來危險，最後會回到它的另一端重新開始。比方說，光照過於強烈，反而比待在黑暗還讓人看不清；一個人太過於聰明，更可能會犯下愚蠢的錯誤；權力過於集中，往往會造成可怕的悲劇。現實世界也是在不停地循環與消長。

啊，好像越想越嚴肅了，今天大遲到忍不住發牢騷，進了捷運站才發現手機忘了帶，又再走回家拿便注定會遲到，全勤獎金沒了。不過，既然全勤沒了，反而讓我放開原先緊繃的情緒，一切放鬆慢慢來吧。

/ 早
/ 失去，或許是爲了平衡
/ 做完冥想後讓自己繼續靜靜坐著的 F

人只要活著，必定還會再出現快樂的事情，也會再失去一些什麼我們無力留下的事物，生命裡的許多境遇都是自然而然的，明白這點就不會執著失去。

或許，也可以試著這樣想吧，那些生活中發生的得失，甚至捨棄，是要讓我們取得平衡，就像是提袋要有空間才能裝得下想要的東西，而且偶爾要換邊提，肩膀才不會痠痛。

我們不過是一介凡人，總要經歷那些煩悶與傷心的日子，肯定會念舊、會固執，還會忍不住想要對抗，這些都是一部分的自己，必須逐一去歷練。甚至有時要打掉重練，才漸漸學會掂量生命的輕重、權衡事物的得失，以及懂得自我的價值。

我們永遠無法活得完美，不過，可以試著讓自己完整。

人不可能永遠處在光明處，陽光也會被雲遮蔽的時候，有時置身在暗處或低谷，自然能看出一個人的心態與能耐。

愉快未必來自喧鬧，其實在靜謐裡也找得到。即使在繁忙的日
子，也可以從忙碌的縫隙裡找到平靜的碎片，我常在瑣碎的時
刻想像自己像陣風、像棵樹，讓自己靜下慢下，放下煩躁，放
下執念，找回那原始的自己。

/ 早

/ 決定何時再開始

/ 替便當的碗裡倒好早餐準備出門上班的 A

前幾天，主管K突然找我，關心我的近況，大概是因為我的模樣太消沉了，讓他擔心，真是不好意思。

他說他並不想探詢我的私事，只是想要提醒，再堅強的人都會有脆弱的時候，這不是什麼丟臉的事，會傷心難過、會陷入低潮，往往是因為太過在乎。正因為是在乎、逞強，才容易把自己逼到絕路。堅強沒那麼重要，就大方承認自己脆弱，暫時將武裝卸下，不想努力也沒關係，因為這是屬於我自己的人生，當然有權可以決定想要何時再開始。

他又說，憂傷就像一波波無法掌控的浪潮，說來就來，時強時弱，以為退去了卻馬上又來，以為是一波小浪，卻意外波濤洶湧。生命裡有太多事物起伏不定，包括那些憂傷與低潮。不需要強迫自己馬上好轉，人生每一段經歷都是必然的。我們終究會走上該走的路，不用催促，也不要自責，即使受傷，即使破碎，不必急著復原，有一天自然會不藥而癒，在那之前請好好跟自己相處。

聽完K的這些話，我忍不住掉下淚來，他起身拍了拍我的肩，便先離開會議室。平時看起來大而化之的他，沒想到是這麼敏銳體貼的人，他的話不只是提醒而已。我是如此幸運，在我搖搖欲墜的時候，有人願意扶我一把。謝謝。

Day 281

/ 傍晚
/ 別擱在心上太久
/ 帶著黑皮出門散步的 K

前幾天，朋友向我抱怨，之前他在大學同學低潮的時候，算是義氣相挺，出了不少力，替他介紹工作，還借了點錢給他。現在同學過得不錯了，換自己需要對方的幫助，卻被隨便找個理由搪塞。朋友原以為同學會知恩圖報，沒想到是過河拆橋，讓他對兩人多年的情誼心灰意冷。

我也只能勸他，能夠給，代表你有能力，為人慷慨。但偶爾還是會有人糟蹋了你的付出、辜負你們的情誼，沒關係，他也因此而降低了自己的人格。這樣的時候，記得先把溫暖留一點給自己。

總會有人讓我們明白，原來為人處事可以做到那麼離譜、自私，氣過就算了，別擱在心上太久，與其花時間難過，不如用來好好對待自己，好好吃一頓，好好睡一覺。

不如這樣想吧，你沒失去什麼，只是花費了一點心意與感情，明白了什麼人不適合當朋友。

對人寬容，不需要告訴某人自己原諒對方了，因為寬容並不是為了別人，而是要讓自己心情好過一些，也是善待自己的方式。我們還有自己的日子要過，不要為了一個不值得的人擾亂了生活。說真的，比起很多人，黑皮對待我還更真心呢！

/ 早
/ 你沒有想像中的脆弱
/ 上班時與 A 剛好搭同一部電梯的 J

雖然一直想維持著默默喜歡的狀態就好，不過，有時喜歡的心情並不是自己能掌握的。好幾次，很想不去理會心裡那些顧忌與不確定，想要好好對她說：「我喜歡你。」

很想告訴她，她並沒有自己想像的那麼軟弱，她的心裡其實住著一個堅強男孩，一直保護著也住著同樣地方的溫柔女孩。但願，有人來替代她心裡的那個堅強男孩，讓溫柔女孩不必再躲藏，可以安心樂意過日子。

我當然希望那個人是我呀，只是，我跟她之間有很難跨越的線吧？因為她的心裡還住著那個人。即使那個人不在了，我們之間也還有許多需要克服的地方，最難克服的，就是自己的不安與不確定，而那背後就是害怕失去吧。

/ 午後
/ 多留意喜歡自己的人們
/ 在會議室等待開會的 A

最近好像被某個同事針對了。比方說，今天早上在通訊軟體的
工作群組討論事情，她又對我的意見冷嘲熱諷，連其他同事也
忍不住私下傳訊問我是哪裡招惹了她。說真的，我完全不清楚
自己是哪裡得罪到她。

一直被人刻意攻擊，心裡當然會難受，很想直接當面質問，又
覺得她不想理會我，實在不知該怎麼辦才好，只好找K聊這件
事。K說，他猜想那位同事之所以會事事針對我，因為我剛進公
司時是她帶的，而現在我的表現比她搶眼，所以讓她心裡不是
滋味。

我問K該怎麼做才好？K說不用特別做什麼，就照自己往常的
步調就好了。當一個人到了一定年紀，依舊肚量狹小或負面思
考，那是難以撼動的，只能祈禱對方在經歷一些事情後能慢慢
改變。

K勸我別一直放在心上，他還說一個人要討厭你，只需要挑出你
的一個缺點。相反地，一個人會喜歡你，往往會包容你的所有
缺點。

善待自己的人那麼多，不必只為了一個稍微不客氣的人而整天悶悶不樂。

如果我們總擔心別人跟自己針鋒相對，會煩惱別人的流言蜚語，不知不覺會沒了自己，凡事配合別人的意見過日子。與其忙著找機會向討厭你的人解釋，不如把時間花在喜歡你與幫助你的人身上，好好感謝，好好珍惜。不要因為別人的一點否定就不斷懷疑自己。要相信自己，也記得提醒自己別把目光停留在不喜歡你的人身上，而要多留意那些喜歡你的人們。

K還鼓勵我，願意善良往往是勇敢的人，而且對於他人的感受變得相對敏銳，它是一種同理他人心情的能力，可是也要小心，不要讓自己被他人的感受拖著走。與K聊完之後，豁然開朗，謝謝他的鼓勵，我會好好珍惜每位願意善待我的人。

Day 288

/ 下午
/ 與呼吸同在的練習
/ 做完瑜伽課讓自己靜下放鬆的 S

老師說梵唱無關宗教，那是瑜伽體系的一種。梵唱是自然的振動，是一種頻率，是一種訊息，也是空。專注、放鬆、感恩、讚頌。老師還說，梵唱是保護我們意念不被負面思想影響的咒，使人平靜的咒。

瑜伽不只是身體的修練，還有內在心靈的培養。想起在瑜伽課結束前，用無聲梵唱，傳送給身體各處，以及任何與自己有關的人事物。這是自己送出給世界的一種訊息，會感覺自己送出去的波動，對於這世界帶著祝福與能量，說不定也算是一點貢獻，不禁自我感覺良好起來。

每周兩天的瑜伽課，持續一段不算短的時間，剛開始純粹只是想要有個運動習慣、維持體態，後來我與A都慢慢發覺瑜伽的奧妙，不僅讓自己身體健康，心靈得到平靜，還有自我察覺的機會，深入瞭解自己的身體和心靈，越能拓展內在的可能性，也對生活上的庸庸擾擾放下與釋懷。

我因為瑜伽而體會到呼吸的重要。就像最近讀的《僧人心態》提到的，我們最該好好學習的是「如何呼吸」。因為人從出生

到死亡，你的親朋好友會改變，你的工作與生活會改變，只有呼吸與你同在。當你有壓力時，呼吸會改變。你生氣時，呼吸會改變。我們會隨著呼吸的變化體驗每一種情緒。當你會引導和控制呼吸後，就能在各種情緒裡出入自在了。

當我開始在生活中運用瑜伽的呼吸法，自然就能理解氣的傳送就是一種給自己的支持，讓自己透過呼吸重新找回自我的平衡。老師常提醒做瑜伽要懂得不勉強、不比較、不受傷，身心才能獲得真正的放鬆。其實，我們的生活也該如此，是吧？

/ 下午
/ 那通你沒接起的電話
/ 盯著電腦工作但心思一直在意手機的 A

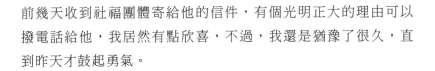

前幾天收到社福團體寄給他的信件，有個光明正大的理由可以撥電話給他，我居然有點欣喜，不過，我還是猶豫了很久，直到昨天才鼓起勇氣。

現在回想，昨晚撥電話時，周遭好安靜，幾近無聲，只有等待接通的鈴聲在耳邊循環，還能感受到我的心跳與呼吸隨著情緒起伏著。撥出後，越來越緊張，我想起瑜伽基礎的「腹式呼吸法」，盤腿坐，調整呼吸頻率，將氣吸飽，感覺肚子隆起，暫停一下，再緩緩把氣吐出直到肚子凹進來，反覆做，情緒逐漸平靜下來。

情緒平靜下來了，可是那通電話最後還是沒人接起。奇怪，只是一通未接電話而已，卻讓人覺得自己做了一件很失敗的事而感到氣餒。我想，這就是我一直提不起勇氣打電話的原因吧，他若接了，不知道該說些什麼才好，沒有接，心裡比沒打電話前更加難受。

今天上班時，我總會忍不住注意手機，但直到現在，並沒有接到他的回電。

/ 午後
/ 路途日漸清晰，步伐會越堅定
/ 與 A 一起搭電梯回辦公室的 J

我想，可以一起吃飯，就算是一種和解吧？

今天跟A一起午餐，距離上次一起吃飯已經隔了好一陣子。我能感覺到她心事重重，她有提到被某個同事討厭的事，不過，我猜得到她真正鬱悶的應該是別的事。她問我看到未接來電或訊息會為了什麼原因不回，我給了沒意義的答案，像是「太忙」、「太累」、「心情太差」。雖然這個問題本身也沒什麼意義。

離開一個人之後，世界一定會不一樣。想像中的悲傷與痛苦，有時比現實紛亂更龐大。當你自己覺得前面的路走得很辛苦，那就是整條路程最辛苦的時刻。會覺得辛苦，是因為已經下定決心，願意起身向前，而接下來的路也就不如此刻辛苦了。只要認清往後的路要自己走了，步伐便會越走越堅定。

他留下的空白，妳可以再填上不同的意義。妳以為沒路可走，其實是被想念限制住了；妳以為失去了，其實是找回自己的其他可能。妳會一時不知該往何處，但那條路將日漸清晰，走上不一樣的路，妳才有可能變得不一樣。

我走出來了，妳一定也做得到。因為妳，我才能走出傷心的低谷，妳不經意地在那時刻成為支撐我的力量。或許，不知不覺中我們都會在某些時刻意外成為別人的力量，我希望妳要相信自己，也要相信有人能夠成為妳繼續走下去的力量。

/ 下午
/ 很多事要適合才能長久
/ 寫完書稿依在窗邊眺望街景的 F

面對愛，沒有人是專家。即使被冠上了「兩性婚姻專家」這個頭銜，我也不敢自稱專家，不然我也不會離了三次婚。不過，從這點看來，我確實是比一般人多了一點經驗吧？談感情這件事，並不像陶藝或繪畫那樣，只要一個人就可以完成出色的作品，感情終究需要與另一個人搭配和諧才能穩定美好。

我常說任何事都要「適合」才能長久，愛情也是如此。適合，我想這件事很難說出一個條件或標準，未必是要門當戶對，也不一定是兩個人的個性接近，而是都能理解對方在意的地方，聽得懂彼此的想法；也不需要那個人條件很好，只要自己在乎的，對方剛好都符合，自己想要的，對方都能給。說起來簡單，但真正適合的卻很少。

愛，真的很難對等，總會有一個人妥協比較多、付出比較多。有人在愛裡選擇退讓，不停說服自己那是必要的磨合，把某部分磨順了才能讓彼此的相處更契合；但那並不代表要把他不喜歡的部分整塊切除，變成不是原本的你。這不是磨合，而是消磨你對愛的美好想像。

真正的適合是無法欺騙自己，也無法假裝的。兩人相愛是基本門檻，能夠和諧相處才是愛的關鍵，更好的是不只有相處自在，而且兩個人想去的將來都在同一個方向。放掉一個不適合的人，是一種成熟，也是對自己負責。

很多時候，兩個人在一起久了之後才分開，未必是不適合，而是淡了倦了。願意為一件事堅持到底並不容易，不然我也不會離了三次婚，可是我沒有對愛灰心，它依然是美好的、值得等待的。有時，不是沒有適合的人出現，只是你的心不願再開啟，讓自己不再適合任何人。

/ 下午
/ 我的選擇是對得起自己
/ 開完像是批鬥大會的主管會議後，獨自一人待在會議室放空的 K

職場中，會有很多無以名狀的事情發生。譬如，原本你是好心提供一點意見，最後卻變成由你來想辦法解決；明明不是你負責的工作，只是從旁協助，成效不佳卻全怪到你身上；在你辛苦時沒人伸手幫忙，成果輝煌卻一堆人搶著舉手邀功。

身處於這樣的環境，似乎都在逼著人要放棄熱心與善意，要學會看清局勢，要懂得自私與自保。想想有點可悲，我們每天跟同事相處的時間可能比跟自己的家人、伴侶還要長，為何不好好相處、好好合作呢？但，大部分的人並不會這麼想，寧願當個持盈保泰的自私鬼，也不願變成被人落井下石的足下魂。

為了在職場生存，我一度想過也要變成自私、爭鬥的人，後來靜下心思考，何必要自甘墮落成為自己討厭的模樣呢？別人要怎麼做，那是他的選擇，至少我要對得起自己。把自己該做的事好好做，把該說的話好好說，人不犯我，我不犯人，尚有餘力時，我會願意出手協助，但是該反擊時，我也絕不客氣。我還是相信，現在的時間花在哪裡，將來的成果就在哪裡。

每天應付惡勢力的攻擊或解決豬隊友的問題，長時間下來，難免心累呀，如果說從來不曾想過乾脆放棄、轉換跑道，一定是騙人的，但想到要去面對不確定的未來時又不免打消了念頭。

人啊，總是在放棄與堅持之間選擇，在現實與夢想之間擺盪。

/ 夜

/ 如何保有最初的價值

/ 臨時被調去跑緊急新聞後,買罐啤酒慰勞自己的 S

不少人問過我:「新聞都在亂報,你們記者是怎麼回事?」曾幾何時,新聞被當成社會亂源,而記者變成眾人嘲笑的職業。從事新聞工作一段時間,不時會自我懷疑與各種糾結,理想也快被現實磨光。

你想跑的新聞,上層因為某些顧慮而不同意;你的報導想要顧及良知與道德,結果收視率奇差;辛苦完成不錯的新聞,最後卻被付錢購買的置入性報導擠掉。這成了一種惡性循環,不少同事只想顧好自己前途,想方設法當上主播,但更多人選擇擺爛,上頭交代做什麼就做什麼,使得願意認真跑線做新聞的人越來越少。

我只能不斷提醒自己,在日常的繁忙與應對,還有很多的不得不之中,努力保有自己的價值觀。沒有人可以一路保持單純,還是要記得在踏進這蜿蜒曲折的路途之前,你最初的模樣。

雖然不時感到灰心、倦怠與糾結,不過,我對這份工作還保有一點熱情與想法,珍惜自己擁有的機會,我想沒有工作是沒有價值與意義的,除非是自己先放棄了,我相信應該能慢慢摸索

出如何在這份工作裡實現自己的理想。

算了，先別想那麼多了，果然還是努力工作後的啤酒最美味呀！

Day 302

/ 早
/ 也想自己走出去
/ 因為感冒不舒服而請病假在家休息的 A

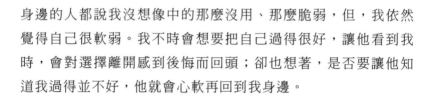

身邊的人都說我沒想像中的那麼沒用、那麼脆弱，但，我依然覺得自己很軟弱。我不時會想要把自己過得很好，讓他看到我時，會對選擇離開感到後悔而回頭；卻也想著，是否要讓他知道我過得並不好，他就會心軟再回到我身邊。

有時我也會反省，為什麼一直想著怎麼讓他回來，而不是自己走出去。如果可以輕易走出去，我也不會痛苦糾結到現在了。這種心病一直反覆復發，時好時壞，就像是疫情，你以為快要沒事了，突然又變得嚴重。你相信終會沒事，可是不清楚會在何時。

上次打電話沒接，前兩天我又傳了訊息給他，到現在仍然音訊全無，我想他應該是刻意不回吧。現在的難受都是我自找的，大概是我太貪心吧？但，有時候真的好希望他還在身邊，真的好希望。

Day 305

/ 晚上
/ 求的是完整
/ 在鼻子與額頭抹點白花油，準備開始加班替程式除錯的 J

真正厲害的工程師是可以在完美與實際之間找到平衡，雖有無關緊要的小瑕疵，卻能夠迅速又熟練地完成專案，也能用簡單且有餘裕的方法解決問題。功力不夠且心態不對的工程師往往缺少對於必要細節追求完善，而另一些則是被困在過於追求完美之中。

優秀的工程師，樂於進行除錯與修正，也會抱持著良性的懷疑態度。有的會做出一個看起來可行的解決方案後收工，但是，優秀的工程師則會進行大量測試後，才相信自己寫出的程式沒有問題。

可惜生活有太多事情無法讓我像寫程式般測試，所以往往漏洞百出，只能盡量補救。不過，從另一方面去想，正因為有許多不可預期，事情才會有意思吧？

之前聽過「人求的是完整，不是完美」。對於完整，我也聽過一種說法：「完整是接受破損與斑痕都是生命不可或缺的部分。」我想，學習接納自己的不足與不能，還有接受無法掌握的一切，就是讓我們可以繼續走下去的步驟之一。

但願我也能成為自己人生的優秀工程師，在能力所及的地方用心做好，對有漏洞的地方盡力除錯。

/ 夜
/ 接受既有的陰影
/ 將書放在床頭準備就寢的 A

之前看過諮商心理師在網路上分享，他認為深度心理學是走向完整的心理學。雖然最近會閱讀一些心理學書籍，不過，我也不太清楚深度心理學是什麼。我猜想，也許是去理解人的情緒及行為背後的深層原因與意義吧？

心理學不是去評價那些狀態與現象，而是去理解。理解，才會產生真正的接納，才能形成真正的改變。那篇文章提到的這個心理學概念，讓我稍稍理解心理學的本質。

恨的背後往往是愛。我喜歡一個人，可能因為他身上有我所沒有的；討厭一個人，也可能是因為他身上有我所要的。我們無法用光明擊敗陰影，因為它們互為表裡，不能只留光而移除影。陰影是我們內心的一部分，在社會化的過程裡被我們深藏或拋棄，那些被否認的部分還是會回到它原來的地方，那樣才是真正的完整。有人會藉著佔有其他事物來維持自己完整的假象，可是，接受自己原本的陰影才是能夠完整的開始。隨著歲月，隨著成長，心裡或多或少會出現崩壞與殘缺，也只能一路上小心地拾起從身上掉落的碎片。

或許，我一直在他身上看到我所沒有的吧，認為有他在，自己才能保持著完整，他不在了，我也不完整了，所以才會無法釋懷。接下來，我最大的功課，就是找到那些被我藏起來或是丟掉的部分吧，才能走出自認不完整的狀態。

/ 下午
/ 不要在另一個人身上求得完整
/ 正完成 1000 片拼圖放鬆身心的 F

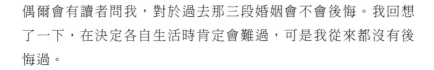

偶爾會有讀者問我，對於過去那三段婚姻會不會後悔。我回想了一下，在決定各自生活時肯定會難過，可是我從來都沒有後悔過。

在決定結婚的當時，一定是因為信任彼此而緊緊相連。透過婚姻這個儀式，連接起兩人，關係被蓋章認可，成為家的一分子，甚至是成為這世界的一分子，藉此找回自己的完整。即使後來那份完整還是分崩離析，不過，要是沒有經歷過那三段婚姻，我不會明白自己有多麼期望完整。

我想自己不會再結婚了，並不是害怕那個制度，只是單純覺得麻煩。後來想清楚了，婚姻並不是拼圖，完整終究要自己去找回，就算在另一個人身上找到，也不是結婚就能保證一直擁有著，不是嗎？

Day 312

/ 下午
/ 困在別人的閒言閒語中
/ 聽同事講完別人是非的 S

不清楚是行業屬性還是我個人的關係，總覺得口舌是非不少，剛開始真的不好過，有時難過到連去茶水間倒杯咖啡都莫名掉淚。後來才慢慢學會放過自己，不要把聽見的事情都放在心裡。

我們很難不在乎別人是怎麼看待自己，因為別人的閒話，而變得綁手綁腳；把別人對你的推托，當成自己的問題。或許是我的心胸太狹小吧？既然心胸狹小，別人說了什麼就別都往心裡放，這樣心的空間會擁擠，還是把那些話盡早丟掉比較輕鬆。

我無法消化那麼多的聲音，也無法理解那麼多的看法，如果非要認真看待，只會讓自己更迷惘、更難受。愈是在意的事，愈容易傷到自己。我願意為了更好的自己努力，不該為了討厭的人喪氣，我的努力不是為了讓討厭的人改觀，而是要讓那些人再也與我無關。

/ 下午
/ 人生必要的練習
/ 老闆交代為同事善後，處理完便走出辦公室喘口氣的 K

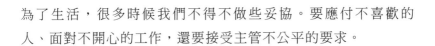

為了生活，很多時候我們不得不做些妥協。要應付不喜歡的人、面對不開心的工作，還要接受主管不公平的要求。

只能不斷提醒自己，不管眼前的處境多麼令人氣餒，我才是自己生活與心情的主導者。我當然可以選擇離開，不過，既然暫時走不了，不得不妥協，那就想辦法改變自己的心態。我相信讓自己盡量保持好心情，自然就會出現好事情。

或許，現實逼著我們放棄許多，但只要我不消沉、不灰心，繼續累積自己的實力，有一天終會拿回更多自己想要的事物。每件發生的事都是一個點，點與點連接變成一條線，我們決定怎麼做，將影響線會如何延伸，形成自己的人生。

別再跟過去的事執著，面對那些爛人與鳥事的經驗，說不定都是生命中一段必要的練習，壞事會來也會過去，用好心情去看待，那些處境都將成為很好的安排。

Day 316

/ 中午
/ 一起走進風雨中的人
/ 正在參加同事訂婚喜宴的 S

這幾年，好幾個朋友結婚了。有人說是因為年紀到了，有人說是因為累了想要有個家。有人說是因為父母一直逼婚，也有人說是因為不小心有了孩子。聽人說過很多結婚的原因，可是我好像沒聽過要結婚是因為終於遇到一個很好的人，想和對方一起努力創造更好的人生。或許有人是這樣想的吧？只是不好意思說出口而已。不然，因為那些理由而踏進婚姻，應該會有種身不由己的感覺吧。

我比較貪心，如果有一天，我會踏入婚姻，我要的不只是心疼我的人，而是願意好好看顧我的人。只說會幫你遮風擋雨並沒有用，要真的願意陪你一起走進風雨裡的，那才是值得信賴的人。

我當然明白沒有完美的感情，生活一定有好有壞，有順心也有不如意，<u>兩個人在一起，縱然再喜歡、再適合，也會出現磨擦與抱怨，但兩人還是要懷抱著包容與疼惜，因為這是必要的妥協。</u>在工作裡，我們不免需要妥協，讓不如意的事過去；面對愛也是，我們要長久的相處，在不委屈自己的前提下，彼此也是要磨合的。

唉，前提是得要先找到那個願意一起努力的人，我也清楚，以自己的觀念與標準應該很難結婚了。

A　最常見的遺憾，就是在還能說時沒說，在想說時不能說了；在能見時不去見，在想見時不能見了。

F　離開，未必就是放棄或失敗，有時是善待自己的方式，也是一種追求幸福的機會。

J　　　　他留下的空白，妳可以再填上不同的意義。妳以爲沒路可走，其實是被想念限制住了；妳以爲失去了，其實是找回自己的其他可能。

Day

n

Day

輯
七

/

雖然是自討苦吃，
不過也能自得其樂。

/ 中午
/ 被人在乎，也是一種支撐的力量
/ 挽著媽媽的手散步去餐廳的 A

今天早上陪媽媽去醫院檢查，等待時問她：「妳那時候做化療一定很辛苦吧？」

她俏皮地翻了白眼說：「廢話，痛苦死了，痛苦到每次做完就不想再來了。」

她之前罹癌，那陣子每隔幾周要做一次化療，做完後我都會去陪她，她看起來總是虛弱又疲倦。做完化療後到現在已經好幾年了，也沒有再復發過，應該是她後來開始注意飲食與保持運動有關。

我稱讚她：「妳很棒，撐到整個療程結束了，而且都沒聽過妳抱怨辛苦。」

她說：「那時做完後很難受，很想放棄。不過，等到慢慢恢復體力，就會想如果自己這樣放棄，上次的痛苦就白白忍受了，這樣很不划算呀。」她頓了一下又說：「而且我也想到妳，我還想要多看看妳的人生會是什麼模樣呀，那麼辛苦把妳生出來，不多看久一點，感覺很不划算。」

雖然我笑她怎麼都是以划不划算在思考，但我心裡暖暖的，聽到她告訴我這些話，對我來說就像是場及時雨，知道自己原來是別人心裡很重要的人，可以成為一種支撐的力量，也代表著我並不是一無是處，我還是被人在乎著。其實，自己明明都知道的，卻一直被失望與悲傷蒙蔽，沒有好好去看周遭的世界。

Day 325

/ 早晨
/ 再探究不過是自尋煩惱
/ 做完快走運動，坐在公園椅子休息的 F

去醫院檢查那天，中午一起吃飯時，女兒終於跟我說分手的事情了。這應該是她第一次跟我聊自己的感情。我沒有給她任何意見，只是輕握著她的手，靜靜地聽她說完，在最後才跟她說：「這些日子一定不好過吧，需要人陪的時候都可以回來。」

一時有好感不難，但要一直對你好卻很難。再強烈的熱情都比不上願意好好珍惜的溫柔，再多的用心也還是需要好好在一起的決心。

一個人選擇離開總有自己的原因，既然離開了，便是不同的世界了，再去探究那個原因也是自尋煩惱。不必在意人家過得好不好，過不好與你無關，過得好是人家的本事，最重要的是要把自己顧好，那才是我們的本事。在當下很難相信那些不堪的一切都會過去，可是回頭看，過去那個擔心受怕、沒有信心與勇氣的自己，還是一路走過來了，難免辛苦，但我們比想像中堅強多了。

這些想對女兒說的話，我都沒說。我覺得她最需要的，未必是別人的建議，而是自己不再執著的心意。我想，她願意向我訴說自己內心的受挫、不解與悲傷，或許是開始想放下那些執著的曾經吧。

/ 晚上
/ 別人說的條件也要你情我願
/ 在捷運車廂裡望著漆黑窗戶映出自己身影的 J

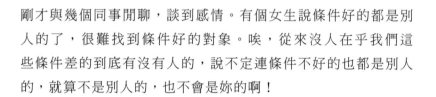

剛才與幾個同事閒聊，談到感情。有個女生說條件好的都是別人的了，很難找到條件好的對象。唉，從來沒人在乎我們這些條件差的到底有沒有人的，說不定連條件不好的也都是別人的，就算不是別人的，也不會是妳的啊！

感情不是看條件，就算要看條件，也要你情我願。而且，不管愛情或友誼，與條件優秀的人相處未必能舒服，說不定跟有些小缺點的人相處反而更自在。

我很想這樣回她，不過還是忍住沒說。畢竟每個人都有自己的價值觀、看法，她說的是她自己可以接受的，而我說的也未必正確，那是我自己可以接受的，如此而已。

或許，旁人看我現在的感情，會認定那是自討苦吃。但我卻認為那一場自得其樂的愛，沒有擁有，沒有失去，沒有期待，沒有壓力，我還可以決定什麼時候結束，而且沒有任何人會因此受到傷害。

Day 330

/ 傍晚
/ 有了信念，才有依循
/ 與其他部門爭執後，到樓下便利商店冷靜的 K

我們活著，總是要有個信念，或者是目標吧。因為有了信念或目標，才能有所依循；而且有了方向，才不會徬徨無依，過得渾渾噩噩。因此，想要好好生活，至少先為自己找到一個方向，不必是多麼偉大的志向，也不用是遙遠的夢想，即使再微小，那也是前進的動力。比方說，我們會去某間咖啡店，可能是咖啡好喝，也許是甜點美味，或許是氣氛悠閒，甚至是老闆親切，只是因為這樣的理由就會想去了。

想要越來越好，想要改變自己，也是因為有個信念或目標。例如，有人希望自己的家人能夠過著安穩的生活；有人想要實現很棒的構想，只為了改變這個社會；有人只要每天回家都能吃到美味的料理就心滿意足。有了動力，我們才會努力，去學習，去嘗試，然後變得更好。

我們該做的，不是去完成別人告訴我們的美好，而是去實現讓自己滿足與開心的事情。

我居然忘了這個道理，也忘了自己的信念，才一直想要說服別人。一心一意想說服別人，只是在難為自己。人都有既定的

241

看法與做法，沒那麼容易被說服，我們可以做的，只是告訴他還有不同的角度與方式，然後讓他去思考與評估。所謂的被說服，往往不是被人說服，而是要自己說服自己，別人的建議永遠比不過我們內心的那份衡量標準來得重要。

不過也多虧了今天的事，讓我又重新找回被自己遺忘的微小目標了。

Day 332

/ 夜
/ 請好好照顧自己
/ 坐在床上抱著便當，望著放在桌上的卡片的 A

剛收到訃文時，一切都顯得不真實，有種身在實境秀節目的違和感。像是誰偷偷躲在後面跟我開玩笑，但這個玩笑一點都不好笑。

他姊姊認為還是告訴我比較好，雖然他並不想讓我知道。他因為腦腫瘤病逝了。

回想起來，他當初得知生病後，選擇隱瞞，然後離開我，這是溫柔體貼的他會做的事。或許他不想看到我替他辛苦與難過，可能他不想我看見他最後虛弱與痛苦的模樣，但愛一個人，並不是自己認為好的就是好的，而是對方想要的，那才是最好的做法呀！

我和他，現在隔著生死的長河，這才發現，<u>死去才是生命裡最遠的距離，再努力擺渡，也無法抵達他身邊，一顆心找不到地方靠岸。</u>

姊姊交給我一張他沒有寄出的卡片，裡面他寫著：「謝謝妳那天還願意讓我去看便當，接下來便當就麻煩妳了。對不起，我

食言了，不能繼續陪妳了，希望妳能替我好好照顧自己，一定
要幸福。」

然後卡片上的字句因為我眼中的淚水模糊了。

/ 早上
/ 當死亡來到愛情前
/ 出門準備前往意外現場採訪的 S

聽到A說他病逝的消息非常震驚。雖然明白死亡是每個人的必經階段，不論害怕與否，它依然會用不同形式接近，彷彿隨侍在側。

當死亡接近時，是該捨棄掉原本擁有的愛，還是繼續擁抱著愛？到底是捨棄比較自私，還是繼續擁有比較自私？我也不清楚。若即將死去的是我，又該怎麼面對自己的愛，我當然會希望男友可以陪著我度過這段恐慌與痛苦，但，我又不希望他承受愛人即將永別的煎熬與悲痛，實在令人左右為難。

反過來，站在面對情人即將死去的角度，對那個人的愛意仍在，但你知道你們已經無法在一起了，有時候離開一個人並不是自願，而是再怎麼努力、再怎麼相愛也只能如此了，那份悲傷是難以想像的。

或許，最後我會選擇告訴對方，讓他自己決定要留或走。不過，這樣的做法很像把為難的決定丟給人家。可是，感情是兩人共同的事，這也是基於對他的尊重，我們應該一起面對這個現實，雖然殘酷，但他有知道的權利，也該有選擇的機會。

死亡與愛情是可以並存的，只要知道該如何對待它們，那是考驗意志力與成熟度的課題。

/ 上午
/ 跟你的約定
/ 抱著便當望著窗外雨景的 A

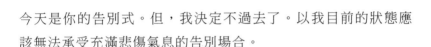

今天是你的告別式。但，我決定不過去了。以我目前的狀態應該無法承受充滿悲傷氣息的告別場合。

我的房間感覺比外頭的城市還早入冬。在心裡小小聲的說了再見。從生疏到熟悉，再從親暱到陌路，最後你以我毫無預期的方式離開了，想到再也見不到你就非常難過，也對於讓你獨自承受有點沮喪。我們曾經是真實的相遇，卻不得不承認現在是真實的永別了。

不需要用任何儀式來紀念你，我會記得你，是你讓我明白自己可以過得那麼開心安穩，是你讓我曾經那麼靠近幸福。謝謝你的體貼，謝謝你的擔待，謝謝你的勇敢，可能這些對你來說毫不費力，無論如何，這段日子對我來說都深具意義。

告別未必能告別悲傷，至少讓自己知道不用再等了，該往前走了。我會試著讓自己勇敢，為了不再讓你牽掛，我一定會好起來，到時我會坦然地去看你。再讓我們做個約定吧，我不會像你一樣食言的。

Day 340

/ 夜
/ 完美的愛情即將結束
/ 吃完晚餐坐在公園長椅上休息的 J

A今天說了令人意外也難過的消息，神情透露出失落與憔悴，內心突然有股情緒，讓我衝動說出了「我喜歡妳」，但我應該還沒看到她的第一百次微笑。

我內心還是希望她知道我喜歡她，坦白自己的感情並不是想得到答案，只是希望在她低潮的時候，或許會因為知道有個人喜歡自己而感到欣慰與喜悅。我並不是開朗的人，是因為跟妳在一起，才那麼開心，希望妳也會開心。但願妳不要害怕露出自己的傷口與脆弱，會有人陪著妳慢慢好起來，但願我是那個妳可以不必逞強、願意卸下心防的人。

在這種時候，莫名其妙被人告白，會拒絕也是理所當然吧。喜歡是我的一廂情願，她不必因為對我沒有同樣感受而覺得抱歉，也不必有所虧欠。

即使兩人最終沒有在一起，喜歡一個人，或是被一個人喜歡，都是美好的事啊！

我告訴她，不要因為我的告白而感到困擾，這是我單方面的喜歡，我們的情誼不變，我仍是那個願意默默陪伴、傾聽她煩惱的朋友。

只是，我心中那份沒有失去、也沒有傷害的完美愛情就這麼結束了。

/ 晚上
/ 還有人喜歡著我
/ 上完瑜伽課後坐在便利商店裡休息的 A

聽到 J 的告白著實令人感到意外，我一直把他視為可以談心的好同事，完全沒有留意到他對我的心意。

他說坦誠自己的心意並不是要我選擇，不是改變什麼，只是不想再對我隱瞞了。看他說話時坦然自若的模樣，我相信他說的是真的。可是，當一段單純的友誼出現了其他的想法，一定會有什麼地方改變吧？

謝謝他讓我知道自己還有人喜歡，不過現在的我無法接受那份心意，他願意繼續維持朋友的情誼，我當然非常開心。希望他無需勉強自己來配合我，如同我無法勉強自己接受他。拒絕別人的心情實在不好過，既不想破壞兩人的感情，又不想他有過度的期待或委屈的等待。不想避開他，也希望維持著友誼，有點苦惱之後互動該怎麼拿捏分寸。

無論如何，被喜歡是件美好的事，年紀越大，交友越難，人生短暫，每一次的相識都是彌足珍貴的，我想先好好珍惜我們的友情，至於他的那份喜歡，我會放在心裡。

/ 上午

/ 大家認為的好，未必對自己是好的

/ 在園區眺望周邊景色的 K

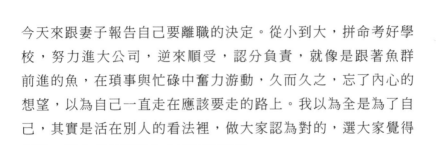

今天來跟妻子報告自己要離職的決定。從小到大，拼命考好學校，努力進大公司，逆來順受，認分負責，就像是跟著魚群前進的魚，在瑣事與忙碌中奮力游動，久而久之，忘了內心的想望，以為自己一直走在應該要走的路上。我以為全是為了自己，其實是活在別人的看法裡，做大家認為對的，選大家覺得好的，卻未必是自己內心真正想要的。

我決定搬去偏鄉生活，盡自己的力量，讓那裡的小孩有地方可以吃飯、讀書，有人可以教他們功課。我年輕時趕不及帥氣瀟灑，但至少可以選擇恣意地老去。人生的上半場，我認分地做好該做的事，之後的下半場，我想去做自己內心想要的，也是妻子想做的事。

誰都喜歡過著穩定的日子，討厭生活出現波動，會想從事同樣的工作，與熟悉的人相處，過著相似的生活。但，既然要走自己想要的、與別人不同的路，變動是必須。其實想一想，現在的安逸不也是過去經歷過的不安與茫然所換來的嗎？至少走在自己想走的路上，心情會比較甘願吧？改變，不是為了向誰證明些什麼，而是要讓自己日後不再有遺憾。

Day 346

/ 下午
/ 懂得寬待
/ 與女兒講完電話的 F

世事無常，美好的明天與驟然的意外，不知道哪個會先來。這是我抗癌治療時最深的感觸。

聚散終有時，人生不時會出現相聚與離別。我們不會知道，這次離別之後，未來會不會再相見。如果把每次相聚都想像成最後一次，是否會更珍惜可以相處的機會，而我們的心是否可以更寬容、也更柔軟？

人生最痛的，就是再也見不到那個人，遺憾還有很多事沒替他做、很多話沒對他說。生命有太多的不可預測，對於身邊的人要學著包容與放下。

萬一心中還存在著裂痕，試著在還有機會的時候去修補，未必是要原諒傷害你的人，而是要讓自己放下，不再有缺憾，否則一直困在懊悔裡，其實也是在傷害著自己。

年紀是人生的刻度，不要當成進度。明白了生命有限、世事無常，或許更能寬待眼前的人事物，不再因落後別人而感到挫敗，不再一直埋怨事情不如己意，也不再計較別人的看法，盡

量讓自己活得從容，把握機會追求自己喜歡的事物，善待身邊值得在乎的人。

我們的人生歷程，就像是一個個節點的總合，再延伸到可能的未來。無論發生什麼事，我們可以選擇站在原地後悔，也可以打起精神走向下一個節點，期待沿途的風光。

/ 夜
/ 對已離去的人感謝
/ 正輕輕地替便當梳毛的 A

跟媽媽談了他過世的事情。她說，一個人知道自己生命所剩無幾而決定要離開，說不定那是他最後想要給予的愛與溫柔。至少我現在明白了自己並不是被丟下，而是被人用他的方式好好愛著。

「他一定感到不捨，也不甘吧。」媽媽這麼說。
我說：「再也見不到那個對自己很重要的人，任誰都會難過的。」
她又說：「當然，因為愛，因為在乎，肯定會難過的。」然後露出淡淡的笑接著說：「但，太多人都不明白，如果不能放下，真正失去的，並不是緣分已盡的對象，而是因為經歷變故而脫胎換骨的自己。我們的放下，不是自私，也不是狠心，努力變好才是對離開的人表達感謝。」

媽媽的這些話提醒了我。我們的生活似乎沒有什麼是恆久不變的，天不會永遠晴朗，但也不會日日陰霾，成長是歷經一次次的改變，失去就是一次巨大的蛻變。失去了某些，日後又獲得另外的什麼，這是一種必然，一種天地運行的定律。

自怨自艾，絕沒有助益，只會讓自己或身邊的人也跟著痛苦。
或許還無法很快走出傷痛，不過，我相信終會撥雲見日。

「妳其實是幸福的呀，傻女孩。」媽媽一臉欣慰地對我說。

Day **351**

/ 早
/ 不是要對誰有交代
/ 開完編輯會議後準備開始工作的 S

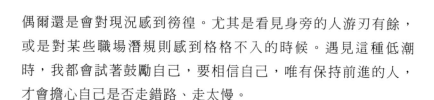

偶爾還是會對現況感到徬徨。尤其是看見身旁的人游刃有餘，或是對某些職場潛規則感到格格不入的時候。遇見這種低潮時，我都會試著鼓勵自己，要相信自己，唯有保持前進的人，才會擔心自己是否走錯路、走太慢。

有時，努力這件事反而會令人焦慮，因為只有在努力的過程中，才會發現自己在哪些部分需要進步，在什麼地方需要讓步。在到達目的地之前，人總是要越過許多阻礙，面對不少挫折，這條路上一定也有其他正在前進的人，才能體認到自己的步調快慢，就像是適時的警惕。

我喜歡這份工作，卻未必喜歡這個環境。但，換個角度想，在這樣的環境，我可以知道會遇到什麼樣的阻礙，會出現什麼樣的妖魔鬼怪，當我累積足夠的功力，日後不見得要留在這裡，可以動身往自己想走的路前進。

我的生活不是用來跟誰交代，也不會放任自己被人傷害。只要記得這個原則繼續努力下去就好。

/ 中午

/ 心放滿了別人，就容易忘了自己

/ 與 A 吃完午餐後去便利商店買咖啡的 J

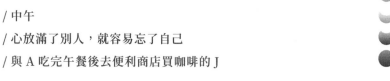

對我來說，唯一的差異是她知道我喜歡她，其餘並沒什麼不同，我們依舊保持朋友關係，而我則退回到原本的距離。

明明喜歡卻不能在一起，不會難受嗎？我想難免會感到辛苦吧，當喜歡上一個人時，會對他的一切特別在意，而你卻不能表現出過多的情感，以免造成對方的困擾與壓力。成年人為了展現成熟，無論是面對愛情或友情，要付出的情緒成本確實不低，要明理懂事，想說的話總是再三修飾，情緒也不可以隨意發作，有些事因為顧慮對方的感受而說不出口，最後傷到的可能是自己。沒辦法，已經習慣將心放滿了別人，便很容易遺忘了自己。

既然決定在她身邊當一個默默陪伴的朋友，我也會記得留下空間與心力給自己。還好，現在除了喜歡她，我也沒有其他不良嗜好了。

Day **355**

/ 傍晚
/ 不踏出那一步，就不會有下一步
/ 打開電腦搜尋另一個城市落腳處的 K

將辭呈送出後，心情意外平靜。以前總會擔心失去原本的生活而不敢改變，也希望獲得誇獎而活在別人的期待裡。現在明白，不要以為自己被看見才有意義，結果卻在看不見的地方迷失了自己。

有人曾說過，長大，就是喜歡的事物可以不擁有，害怕的事情可以面對。我想，自己到現在才算真正長大了吧？改變現況當然還是會擔心，若什麼都不改變，再過幾年也沒有心力能做了，到時就後悔莫及了。

就當作是我的第二次青春期吧，想要認真活在當下，就該面對所有的焦慮，承認內心的軟弱，接納一切的不安。我覺得長大就是能夠如實扮演好自己設定的角色，誠實面對自己的想望，為了目標，接納當下的各種狀態。假使自己不踏出那一步，永遠都不會有下一步。往往都是要自己開始做了什麼，事情才會漸漸往想要的方向發展。

不論自己跌了多少次，還是前進的速度多麼緩慢，已經比起那些連一步都踏不出去的人走得更遠了。不要擔心被人看不起，

也不必一直煩惱自己趕不及，我們不是為別人而活，而是為了讓自己的付出開花結果。即使被看衰也無所謂，所做的一切只求問心無愧，就算晚出發也沒關係。不是想要追過任何人，只求抵達那個嚮往的地方就足夠。

Day **358**

/ 上午
/ 機會不該一直給
/ 在陽台上修剪整理盆栽的 F

等待可以持續很久，但清醒只不過是需要一個念頭而已。

當你喜歡一個人太久之後，就會忘了自己還有其他的可能，因為眼裡只看得見對方，所以不離不棄，結果把簡單的路都走成了迷途，在那裡來來回回、彎彎繞繞，別人來去自如，只有自己被困在原地。

年輕時，老是一再犯類似的錯誤，只是人終究會開竅，可能不過是別人的一句話、路上的一個情景，或是歌曲中的一段旋律，讓你萌生捨舊迎新的心芽，一切變得清淨晴朗，不再眷戀，不再可惜。

我們需要愛，是因為愛能帶給自己愉悅，讓自己更好。千萬不要再當聖人，覺得自己有必要拯救別人，要提醒自己是在談戀愛，不是來修行積陰德。機會可以給一兩次，但不能一直給，有些人骨子裡的劣根是難以改變的，你不必妥協也不該將就，更不該讓自己持續被傷害。

你是生來被疼愛，不是讓自己被傷害。

在愛裡難免受委屈，重要的是那份委屈有沒有被在乎。假使別人不在乎，我們自己更要在乎。願我們都能在愛裡找到屬於自己的安心樂意。

Day **360**

/ 晚
/ 以為放不下的，最後都放下了
/ 正在洗碗槽清洗鍋子的 A

S一邊從火鍋裡撈起煮熟的肉片一邊說：「那時心情有點複雜，覺得尷尬也有點開心。他當年的青春帥氣不在了，變成大腹便便中年發福的模樣。不過，他說我變美了，我總不能笑他走樣了吧。對了，他已經結婚了。我們一路上有一搭沒一搭聊些高中的事。現在回想，我下車時說的不是再見，反而是謝謝。是不是很怪？」

她昨天下班叫車，沒想到來載送的司機居然剛好是我們的高中同學，也是她那時告白失敗的對象。

「謝謝他讓妳知道自己越來越好了，也謝謝他讓你能想起當年的自己。」我一邊說一邊把豆腐切成小塊。想想，我們真的長大了，越來越懂得多工與分配，不管是生活、工作、情緒，還有心力。

她大力點頭說：「不愧是我的好姊妹，很懂我呢～」然後把一塊肉片夾進我碗裡。

明明是一起坐在球場旁的大樹下看著愛慕的男同學打球的高中生，感覺才轉個身，許多人已經結婚，有的人失戀好幾次，有的人工作換了好幾個，當時以為放不下的，後來也都可以輕輕放下。過日子並不輕鬆，幸好我們仍能一起相伴，雖然辛苦與悲傷都是個人的感受，但知道有個人可以分享那份成長的難，還有個人可以坐在一起吃頓飯，已經是值得感謝的幸運了。

Day 362

/ 早
/ 值得更好的未來
/ 喝了一口咖啡準備開始工作的 J

有時，喜歡一個人，最意外的收穫，就是你終於可以誠實面對自己。原本，對於有如死水的現況視而不見，對於早該完結的牽扯拖延不決，對於渴望愛情的心意自欺欺人，直到你喜歡上一個人才終於覺醒。愛，有時是一個人的事，一個人的改變，一個人的思念，一個人的選擇，也考驗一個人的決心。

我不會怪任何人，也不會怨自己，即使一個人，我也會過得理直氣壯，好好照顧自己，生命裡最重要的人就是我自己。我也希望A能為自己勇敢，失去對我們是一種成長，不必非要忘記誰，只需要明白這麼善良努力的自己，值得一個美好的未來。希望她能快樂，萬一不快樂，我會一直陪伴她。

這段日子，對我來說也是成長，生活無法一直依照自己所想的發展，縱使無法隨心所欲，起碼別讓自己委屈。

對於愛，對於工作，對於身邊的人，雖然不是付出就一定有回報，可是至少做得堂堂正正，才能活出自己認同的模樣。

儘管這世界不會一直是自己喜歡的樣貌，但我可以不讓自己過得徬徨，讓生活帶著一些希望。

人生比程式更複雜，但只要清楚了自己的想望與能耐，也可以讓自己變得簡單。

/ 晚

/ 每一個心意都化成一句再見

/ 在站牌等待公車，聽著藥妝店傳來聖誕組曲的 A

我現在明白了，我並沒有要從哪裡走出來，因為無論你在或不在，這都是我的人生。我不是破損了，而是正在蛻變，經歷了傷痛，經歷了遺失，才會變成更柔韌的自己。

我也不再逃避悲傷，我不想讓那些經歷成為內心裡沒有清除的刺，不小心碰觸就會痛，讓過去的傷慢慢進化成自己的盔甲，讓失去慢慢內化為成長的契機。

我失去了，卻也得到了。我失去了一個人的溫柔，卻也得到了許多人的溫暖。我失去了一份愛，卻也懂得了懷抱著痛或恨只會成為追尋幸福的阻礙。

就像媽媽昨天的貼文：「失去，是為了得到更好的幸福。因為我們努力愛過、也用力哭過，更該無悔地放下，讓過去的苦都成為邁向美好的橋，而不是困住自己的牢」。

我會順著屬於自己那座橋繼續往前走，不會一廂情願，也不會一味埋怨，因為我知道身邊還有人支持著我。我或許做不到一路從容鎮定，不過，我應該可以做到即使害怕也能繼續前進。

把所有的心意都化成一句再見，放下傷心，放下苦痛，慢慢
走，不再蹉跎，不再回頭。好好放下，然後找回完整的自己，
這大概是今年我送給自己，也是送給你的，最好的聖誕禮物。

每道傷，都是活著的證明

作　　者 | 阿飛 A-Fei

發 行 人 | 林隆奮 Frank Lin
社　　長 | 蘇國林 Green Su

出版團隊
總 編 輯 | 葉怡慧 Carol Yeh
企劃編輯 | 鄭世佳 Josephine Cheng
責任行銷 | 朱韻淑 Vina Ju
封面裝幀 | BY CHEN DESIGN
版面設計 | 張語辰 Chang Chen

行銷統籌
業務處長 | 吳宗庭 Tim Wu
業務主任 | 蘇倍生 Benson Su
業務專員 | 鍾依娟 Irina Chung
業務秘書 | 陳曉琪 Angel Chen・莊皓雯 Gia Chuang
行銷主任 | 朱韻淑 Vina Ju

發行公司 | 悅知文化　精誠資訊股份有限公司
　　　　　 105台北市松山區復興北路99號12樓
訂購專線 | (02) 2719-8811
訂購傳真 | (02) 2719-7980
專屬網址 | http://www.delightpress.com.tw
悅知客服 | cs@delightpress.com.tw
ISBN：978-986-510-167-1
建議售價 | 新台幣340元　　　首版一刷 | 2021年07月

國家圖書館出版品預行編目資料

每道傷，都是活著的證明 / 阿飛著. --
初版. -- 臺北市：精誠資訊，2021.07
　面；　公分
ISBN 978-986-510-167-1 (平裝)

191.9　　　　　　　　　　110011913

建議分類 | 心理勵志

悦知文化
Delight Press

線上讀者問卷 TAKE OUR ONLINE READER SURVEY

那些生活中發生的得失，甚至捨棄，是要讓我們取得平衡，就像是提袋要有空間才能裝得下想要的東西。

——————《每到傷，都是活著的證明》

請拿出手機掃描以下QRcode或輸入以下網址，即可連結讀者問卷。
關於這本書的任何閱讀心得或建議，
歡迎與我們分享 ☺

https://bit.ly/3cHITQH

Day

n

Day